アルゼンチン

正義を求める闘いとその記録

性暴力を人道に対する犯罪として裁く！

2018 年 10 月
国際シンポジウムの記録

La lucha por Justicia y su Memoria
Juzgar la violencia sexual como crímenes de lesa humanidad

Documento del simposio internacional en Japon,
octubre de 2018

アクティブ・ミュージアム「女たちの戦争と平和資料館」(wam) 編

JN055417

「戦争と性」編集室

このブックレットは、二〇一八年一〇月一三日に上智大学で実施したシンポジウム「アルゼンチン・正義を求める闘いとその記録——性暴力を人道に対する犯罪として裁く！」（共催　アクティブ・ミュージアム「女たちの戦争と平和資料館」（ｗａｍ）、上智大学グローバル・コンサーン研究所（ＩＧＣ）、イベロアメリカ研究所、カトリックセンター）の記録です。

二〇二〇年七月
アクティブ・ミュージアム「女たちの戦争と平和資料館」（ｗａｍ）

目次

■シンポジウムの記録■

※本書に記載されている所属・肩書きは当時のものです。
掲載写真は、明記されているもの以外はｗａｍ所蔵です。

開会のあいさつ

渡辺美奈
（アクティブ・ミュージアム
「女たちの戦争と平和資料館」（ｗａｍ）館長）

今日は過ごしやすい秋の日となりました。みなさまご参加いただきましてありがとうございます。はじめに、このシンポジウム企画の経緯、アルゼンチンとの三つの出会いをお伝えして、ご挨拶に代えたいと思います。

共催団体のひとつであるアクティブ・ミュージアム「女たちの戦争と平和資料館」（ｗａｍ）は、戦時性暴力、とりわけ日本軍性奴隷制の被害と加害を伝えるミュージアムとして、二〇〇五年に新宿区西早稲田にオープンしました。二〇〇〇年に東京で「女性国際戦犯法廷」が開かれたのをご記憶でしょうか。日本軍性奴隷制度の責任者として天皇はじめ一〇人の軍高官を裁いた民衆法廷でしたが、ｗａｍはその思想を受け継いで設立されたミュージアムです。

女性国際戦犯法廷は、女性に対する暴力、とりわけ武力紛争下での性暴力を根絶したいという大きなうねりのなかで実現しました。一九九〇年代、日本軍の性奴隷にされた女性たちや、旧ユーゴスラビアやルワンダの武力紛争で凄惨な性暴力被害を受けた女性たちがその加害者を告発したのは、「強かんは戦争につきもの」として裁いてこなかった戦時性暴力の不処罰の連鎖を断ち切り、もう二度と同じような被害を誰も受けることがないようにとの強い願いからでした。

報道にあるように、二〇一八年のノーベル平和賞が、ヤジディ教徒で「イスラム国」から受けた性暴力被害を告発してきたナディア・ムラド・バセ・タハさん、そしてコンゴ民主共和国の産婦人科医、デニ・ムクウェゲさんのお二人に贈られたことをとても心強く思っています。ムクウェゲ医師は、二〇一六年に来日した際、ｗａｍに立ち寄ってくださり、「慰安婦」問題に心を寄せてくれました。

一方で、日本軍性奴隷制に対する日本社会の視線は、近年ますます厳しくなっているように思います。日本軍「慰安婦」制度の事実さえ加害国政府が否定しているなか、被害を受けた女性たちは、起こったできごとをありのままに認め、その事実を次世代に伝えてほしいと願っています。にもかかわらず、いつまで「慰安婦」にこだわるのか、水に流して未来に向かおう――。国家間の「和解」を阻んでいるのはまるで「慰安婦」問題であるかのように語られ、被害者が「許す」ことさえ期待されています。このような「和解」という美しい言葉のもとで行われる暴力的な状況に暗澹たる気持ちになっていたときに、心に響いたのが「五月広場の母たち」が掲げているスローガンでした。

「私は忘れない、私は許さない、私は和解しない」

真実と正義を求めて終わらせない、忘却と和解の圧力に屈しない、アルゼンチンの「記憶・真実・正義」の取り組みに深く印象づけられました。今日は、「五月広場の母たち」のお一人として、創設時から運動の先頭に立ってきたノラ・コルティーニャスさんのお話が聞けることを、とても楽しみにしています。

二つめの出会いは、ユネスコ「世界の記憶」の取り組みを通じてでした。報道などでご存知のとおり、日本軍性奴隷制の関連文書は、「日本軍『慰安婦』の声」として、八ヵ国の市民団体が登録申請しています。二〇一七年一〇月に登録される予定でしたが、日本政府がユネスコへの分担金不払いなどの措置をとって抵抗して、申請はいまも「保留」になっています。このユネスコ「世界の記憶」には、近年、多くの「人権侵害の記録」が含まれていますが、それは、これらの記録が人類の重要な遺産であるというだけでなく、政治状況によっては記録が危機にさらされることと無縁ではありません。

アルゼンチンでは、「記憶・真実・正義」の政策をすすめた前キルチネル政権のときに、軍事政権下の人権侵害の記録群をユネスコ「世界の記憶」に申請して登録されています。そして、そこには「五月広場の母たち」や、今回お招きしているベロニカ・トラスさんが代表を務める「メモリア・アビエルタ」が保管する資料も含まれていました。そこで、アルゼンチンの経験を聞きたいと「メモリア・アビエルタ」に連絡をとった時に印象的だったのが、国家主導の記録管理を当然視することに対する批判でした。市民こそが記録の担い手である。アルゼンチンでは、人権団体が粘り強く記録を集め、証言を聞き取り、保管し、公開してきました。それらの実践と実績こそが正義の取り組みの礎となっている、そのことを今日、ベロニカ・トラスさんが具体的にお話しくださると思います。

三つ目の出会いは、これらの交流を通じて、軍事独裁政権下での性暴力が「人道に対する犯罪」としてアルゼンチン国内の裁判所でいま、裁かれていると知ったことでした。軍や警察による組織的な性暴力を、被害から四〇年近く経ってから「人道に対する犯罪で」裁く、それはいかにして可能になったのでしょうか。その背景には、粘り強い「母たち」の運動や人権団体の活動があり、免責法や恩赦を無効にしていった国会や最高裁の判断があります。しかし何よりも、強制失踪から生還し、性暴力被害を告発した女性の存在がなければ訴追はできません。

被害を受けた女性たちが立ち上がり、加害者を名指して告発してきたことが、社会の性暴力に対する認識を変えてきたことを私たちは知っています。今日、そのお一人であるグラシエラ・ガルシア・ロメロさんをお迎えすることができて、とても光栄に思っています。準備のやりとりのなかで、グラシエラさんから「当時を思い出すことは、痛みをともなう」というメールを頂いたことがありました。聞くことの責任もあらためて感じています。

他方で、アルゼンチンの強制失踪と日本軍性奴隷制の被害には異なる点も多々あります。準備の過程でもたくさんの助言をしてくださった石田智恵さんからは、アルゼンチンの正義への取り組みの特徴を、日本の参加者にもわかりやすくお話しいただきます。

ｗａｍが引き継いだ女性国際戦犯法廷の思想とは、和解を目的にするのではなく、いつ、どこで、だれがどのような判断をして人権侵害が実行されたのか、責任のありかを明らかにして不処罰の連鎖を断ち切ることです。そして、それらのできごとを「水に流す」のではなく「伝え続ける」ことこそが、未来を拓くと信じてこれまで活動してきました。今日、裁くことの意味をあらためて考える機会をもてたことを、嬉しく思います。

会場となった上智大学四谷キャンパスの教室。170 名の参加があり、質疑応答も活発だった。（写真提供：上智大学グローバル・コンサーン研究所）

最後にお礼を申し上げたいと思います。

小さな民衆のミュージアムであるｗａｍにとって、地球の反対側からゲストをお招きするのは大変なことでした。まずは、共催してくださった上智大学のグローバル・コンサーン研究所、イベロアメリカ研究所、カトリックセンターのみなさまに深くお礼を申しあげます。ラテンアメリカへの関心が高くない日本で、事情に明るい研究員のみなさまに励まされながら準備を進めることができました。

また、この企画に共感し、賛同してくださった団体、個人のみなさま、カンパを寄せてくださったみなさま、そして一部助成をしてくださった韓国の東北亜歴史財団に、この場を借りてお礼を申しあげます。

そして、何よりも、自らの経験を共有するために三〇時間かけて日本まで来てくださったノラさん、グラシエラさん、ベロニカさんに感謝を申しあげたいと思います。これからみっちり四時間、ぜひ最後までお付き合いください。

アルゼンチン国家テロリズムに抗する市民運動の展開

石田智恵

このような機会をいただき、上智大学のみなさん、wamのみなさんに感謝しています。そして遠いアルゼンチンからノラさん、グラシエラさん、ベロニカさん、来日してくださってありがとうございます。三人のみなさんと一緒にお話しできること、時間を共有できることを本当に光栄に思います。私はアルゼンチンの人権問題、とりわけ国家テロリズムと市民運動について研究していますので、これから三人のゲストのお話がわかりやすくなるように解説させていただきます。お手元の資料とスライドの両方使いますが、時間が限られているので、ところどころ割愛しながら話します。

国家テロリズムの概要

はじめに、アルゼンチンの国家テロリズム、国家暴力がどのようなものだったかを非常に簡単にお話しします。国家テロリズム、言い換えると恐怖政治です。市民を恐怖で縛りつけて、何をするかというと、社会改革、社会と国家のあり方を変えてしまうことです。実際に軍事政権は国策として「国民再編プロセス」という名称を掲げていました。アルゼンチンでは軍が国政に介入することがそれ以前に何度もあり、また軍政に限らず、民政であっても権威主義的な国家の方針に反対する人が社会にたくさんいて、政治運動が非常に盛んになっていました。そういった抵抗する人たちをまず殲滅してしまう。反対者は一人残らずいないことにしてしまう。そして、抵抗はしないけど、どちらかというと彼らに同調しているかもしれない人たちも同じような目にあわせてしまう。それが、一九七六年に始まる軍事政権下で目指されたことです。そうすることで、多くの人は、黙っていなければ狙われて殺されるかもしれないという恐怖を抱きます。それが、この国家テロリズムの根幹だったと思います。

実際に行なわれていたのは、抵抗者を拉致して秘密拘禁施設に連れて行って、そこで拷問をする、仲間の居場所、隠れ家などの情報を引き出し、次のターゲットを拉致しに行く。捕まった人はしばらく収容所で拘禁され、場合によっては別の収容所に移され、拘禁期間は人によってまちまちですが、多くはそこで殺されたとみられています。そして、遺体が発見されないような、発見されても誰かわからないような遺棄・処理の仕方をする。そのすべてを秘匿しました。

まるで何もしていないかのように「行方不明者が多数出ています。どこにいるかわかりません、私たちのところでは情報を把握しておりません」と国家が一切を秘匿するということにこの強制失踪という作戦の恐ろしさがあります。誰が次に拉致されるか。どういう目にあうか、あるいは死んだのか生きているのかということさえわからない。そのことが、生きている人たちを恐怖で縛り付けます。これが主に、国家テロリズムの中心をなしていた「強制失踪」という作戦です。その背景には、みなさんご存知のように冷戦という世界的な構図があり、特にラテンアメリカでは一九五九年のキューバ革命があり、一九六八年のパリ五月革命など、世界各地で革命運動がありました。このあたりについてはみなさんもご存知と思います。アルゼンチン国内においても、歴史的な階層対立がありました。そして、四〇年代、五〇年代以降は「ペロニズム」という大きな政治の流れがあるのですが、これは非常に大きく複雑なテーマなので、今日は思い切って割愛させていただきます。

一九七〇年代の「国家テロリズム」以降の国内の重要な転換点について、大きなできごとだけ指摘しますと、まず一九八三年に「民政移管」します。その直後から失踪者についての調査が始まり、軍の責任者に対する裁判も始まりますが、すぐに裁判ができなくなってしまう、「不処罰(免責）の時代」とよばれる時代が始まります。その不処罰の時代が終わるのが、二〇〇三年の左派政権の誕生（法制度が変わったのは正確には二〇〇五年）と言われています。その大きな流れを頭にいれていただければと思います。

少し写真を紹介します。**画像①**は、当時、新聞に掲載されていた「この子たちを知りませんか」という人探しの通知です。これが示すように、多くの人が行方不明になっていたということは、関係者でなくても知っていた。拉致されていたことも、目撃者がたくさんいるのでわかっていました。けれどもそれがなぜなのか、どうなっているのかを知ることができなかった、ということです。**画像②**は道に捨てられた遺体です。身分を示すものはありません。**画像③**は共同墓地、墓地というか、遺体が埋められていたところです。こういった誰の遺体かわからないものを掘り起こし、身元特定するための作業も、民政移管後に進められています。

画像④は、強制失踪作戦が本格化したときの、軍事政権最初の大統領、ホルヘ・ラファエル・ビデラ陸軍将軍です。彼はあるときテレビで放映された記者会見の場でこう言いました。「失踪者とは知り得ぬものである」、incógnita（インコグニタ）という単語を使いました。生きているか死んでいるかわからない、そんな人について、国家は何もしようがないんだと。国家と軍部のトップ自身が何もできないと公に発言したことは、多くの人に無力感を与えたと思います。

さて、さきほど申し上げた「不処罰の時代」が終わります。**画像⑤**は、写真右に写っているネストル・キルチネルが二〇〇三年に大統領になり、就任後すぐに軍士官学校に行って、ここの元校長でもあったビデラ元大統領の肖像写真を下ろすように指示しているところです。これは、政策の転換を大きく特徴づける、象徴的なシーンでした。それは、アルゼンチンは変わるのだ、ビデラをありがたがって敬意を表するようなことは、我々はもうしない、という宣言です。その変化を象徴するものとして、この場面は多くの人の記憶に残っていると言われます。

市民運動の展開

画像⑥は「五月広場」であり、「五月広場の母たち」の抗議運動の写真です。真ん中の白い角錐塔の周りを失踪者の母などがぐるぐると歩く、「ロンダ ronda（周回）」と呼ばれるデモの方法がよくわかる一枚で、いろんなメディアでいまもしばしば目にします。**画像⑦**は、正面からみた「母

①
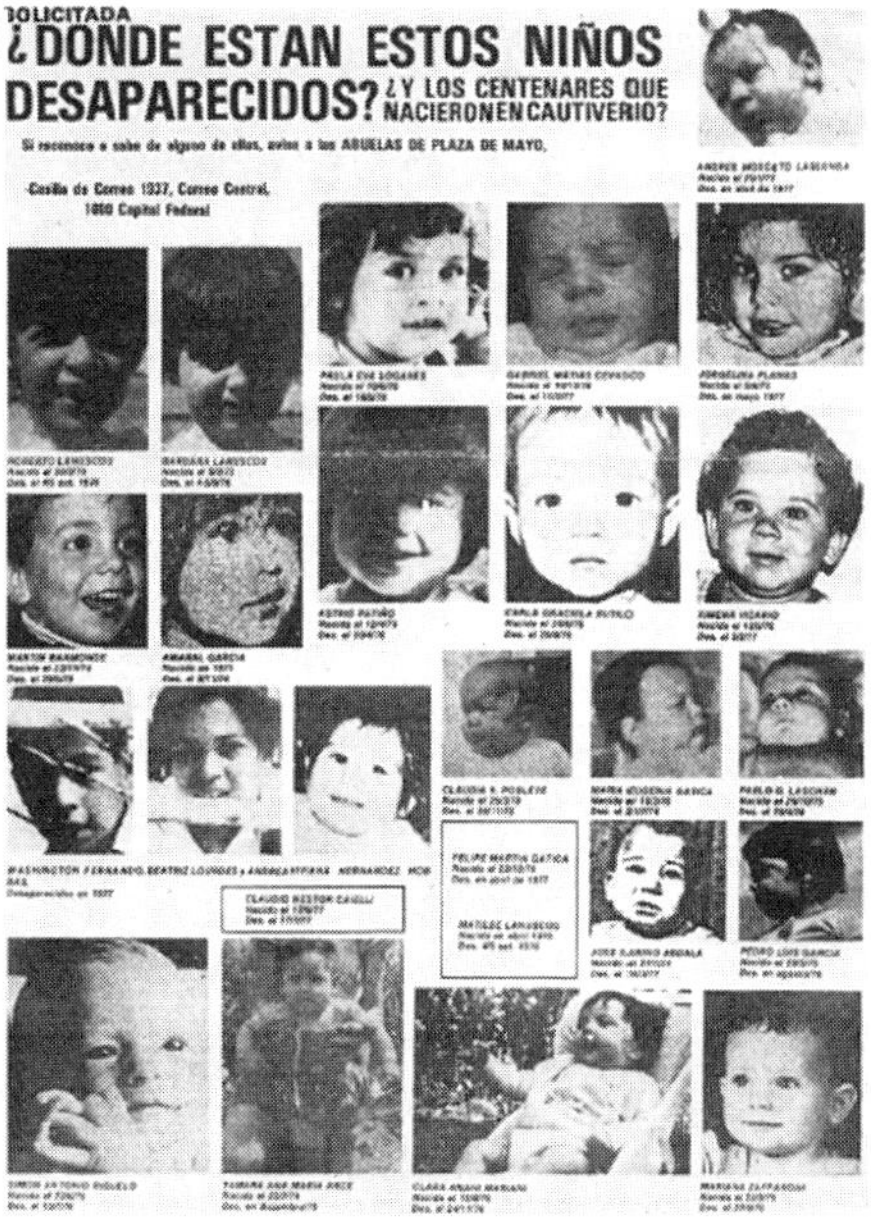
SOLICITADA
¿DONDE ESTAN ESTOS NIÑOS DESAPARECIDOS? ¿Y LOS CENTENARES QUE NACIERON EN CAUTIVERIO?
Si reconoce o sabe de alguno de ellos, avise a las ABUELAS DE PLAZA DE MAYO,
Casilla de Correo 1337, Correo Central, 1000 Capital Federal

②

④

③

⑥

⑤

たち」です。一九七七年四月三〇日に始まったとされるこの「母たち」の運動は、軍事政権下でほぼ唯一の、軍政に対する公共の場での抗議運動でした。

民政移管以降の市民運動は、国の政策と大きく関係しています。とりわけ一九八七年以降、裁判が法的にできなくなって、有罪判決を受けた人も特赦を与えられて釈放され出てきてしまった、この不処罰の時代に、皮肉なことですが、人権運動というのは非常に大きく進展しました。国家に頼ることができない、法に訴えることができないということが、そうした制度・政策への批判・抗議の声を大きくし、市民運動の強度を上げていくことになったのです。

一九八九年に大統領になったカルロス・メネムは、人権問題に消極的な態度をとりましたが、そのメネム政権時代の一九九五年と一九九六年に重要な転換点があったと言われています。まず、失踪者の子どもたちによる組織化が行われたのが一九九五年です。その名も「ＨＩＪＯＳ」（スペイン語で「子どもたち」を意味する。正式名称は、Hijos por la Identidad y la Justicia contra el Olvido y el Silencio「忘却と沈黙に抗するアイデンティティと正義の子どもたち」で、ＨＩＪＯＳはその頭文字をとった略称にもなっている）という組織です。失踪者の子どもたちは成長して、ちょうどこの時期に二〇代前後の大人になり、親の不在に関する疑問を共有し自分たちのことばで社会に問いかけ始めたのです。彼らは連帯し、どうして大人たちや国家は黙っているのか、どうして誰も問題化しないのかと訴える、力強い運動を組織し始めました。また、元海軍大尉のシリンゴという人が、エスマ（八〇頁参照）という秘密拘禁施設に所属して自分が何をやっていたか、強制失踪された人たちをどうやって殺していたか、つまり飛行機に乗せてラプラタ河（の河口や海）に落としていたことを告白します。それをベルビツキーというジャーナリストが本にして出版したのが一九九五年でした。さらに翌一九九六年は軍事クーデターが起こった一九七六年から二〇年目にあたり、クーデターの日、三月二四日に、全国規模での大きなデモ、マルチャが行われました。そのデモは、かつてない規模で行なわれ、非常に多くの人が参加して、社会全体にも問題が可視化されたと言われます。

子どもたちの成長・問いかけと、元軍人の告白によって加害の事実の一部が語られたことに促されるようにして、社会全体に問題意識が共有され、沈黙・忘却・不正義に抵抗しなければならないのではないか、このまま不処罰を続けてはいけないのではないか、という声がだんだん大きくなってきたと言われています。その後、二〇〇三年ネストル・キルチネルの大統領就任によって政策は転換し、記憶の構築・保存・継承や真実解明、正義の追及に向けた取り組みが進められますが、キルチネル政権下で行われた「上」からの、国家による人権政策の多くは、不処罰の時代に人権運動が作りあげてきたものをベースにしていました。

アルゼンチンで一般に「人権団体」というと、「失踪者」の親族による組織が想定されることが多いのですが、中でも古いものが「五月広場の母たち」、「五月広場の祖母たち」、「政治的理由による拘留・失踪者の親族の会」です。そのほかにも、きょうだいの会や子どもたちの会が大小様々にあります。特定の地域独自の団体や、全国組織の地方支部、職場ごと、大学ごとの組織など、多種多様です。

また、犠牲者の親族という立場に関わらない人権組織もたくさんあって、軍事政権のずっと前、一九三〇年代くらいから活動している人権団体に「アルゼンチン人権連盟（ＬＡＤＨ）」というものがあり、この団体は「母たち」などと連携して今日まで重要な役割を果たしています。弁護士が中心になって七〇年代に設立された「法社会研究センター（ＣＥＬＳ）」もそうです。「アルゼンチン司法人類学チーム（ＥＡＡＦ）」は、さきほど申し上げた、身元不明遺体の発掘・鑑定をして、いろいろな資料とクロス照合して誰の遺体か、誰が、どう殺されたのかを一つひとつ明らかにするという気の遠くなるような作業を一九八四年から今もずっと続けている団体です。「アルゼンチン司法人類学チーム」は国家機構からは独立した非営利組織です。彼らの活動によって、毎年新たに何人かの遺体の身元が確認されて、ご家族に返されています。

画像⑧は「五月広場の祖母たち」の写真です。違いがわかりづらいかもしれませんが、たしかクーデターから一〇年後の写真だったと思います。掲げているプラカードには「私たちは二つの世代を探している」と書いてあります。

運動の多様性――様々な「回復」

これから、「記憶・真実・正義」の三つのスローガンで行われてきた人権の市民運動の特徴を、写真をお見せしながらお話しします。

活動の特徴の一つは、失踪者の顔を並べるということです。一人ひとり、「誰がいなくなったのか」を非常に大事にします。個別性を尊重するためだと思いますが、ポートレートを並べることが多くあります。**画像⑨**のように絵の場合もありますし、写真の場合もあります。**画像⑩**も、今はミュージアムになっている元秘密拘禁施設、エスマの内部にあるモニュメントで、写真を掲げている場所です。**画像⑪**は毎年三月二四日に大規模に行われている「マルチャ（デモ）」で、ここでも顔写真をたくさん並べた横断幕を掲げています。

画像⑫は「記憶の敷石」と呼ばれるもので、通りに埋め込まれています。「この場所から誰々が失踪させられた、何月何日」と書いてあります。あるいは「ここに〇〇が住んでいた」、「ここの大学に通っていた」など、書かれていることは様々ですが、これも個別性を確認し尊重していることがわかります。ドイツの「躓きの石」（注：ナチスの犯罪の記憶の取り組みの一つで、名前、出生地、連行された収容所、没年等が刻まれた一〇センチメートル四方のプレートが、連行された路上に埋め込まれている）のように町のあちらこちらにあって、何も知らない人でも「あれ、これ何だろう？」と目に付き、次の世代に受け継がれていきます。子どもが見て、「お父さん、お母さん、これなに？」と聞き、親が「これはね」と教えてあげるところからアルゼンチンの人権教育が始まる、という話を聞いたことがあります。**画像⑬**は敷石をここに埋めますよ、というセレモニーのときの写真で、私は日系人の失踪者のことを特に研究していて、この

⑨

⑧

1977-10 AÑOS DE LUCHA-1987
BUSCAMOS DOS GENERACIONES
RECHAZAMOS LA LEY 23521 DE "OBEDIENCIA DEBIDA"
ABUELAS DE PLAZA DE MAYO
LIBERTAD

⑪

JUVENTUD
TRABAJADORES
MUNICIPALES
FE.SI.

⑩

⑬

⑫

AQUI VIVIERON Y FUERON SECUESTRADOS
PATRICIA OLIVIER Y LUIS E MATSUYAMA
MILITANTES POPULARES
DETENIDOS DESAPARECIDOS
POR EL TERRORISMO DE ESTADO
11-01-1977
BARRIOS X MEMORIA Y JUSTICIA

写真も日系失踪者家族会の関係者にもらったので、ここには日系の人たちが写っています。日系人失踪者はこれまでに一七人明らかになっていて、日系人会の会館の前に敷石を設置し、コミュニティでも一七人が失踪させられたことを伝えています。

この他にも、新聞などに、死亡通知のように「失踪通知」として出す習慣もあります。**画像⑭**はチラシの形で配布されたものです。スペイン語では「レコルダトリオ」というんですが、新聞の読者、つまり不特定の無関係な人にも、今日はこの人が拉致された日なんだ、ということが新聞を介して伝わります。これは一種の記憶の共有の試みだと思います。**画像⑮**のようにもう少しメッセージが載っているものもあります。だいたい名前、写真、失踪した日で、生年月日が載っている場合もあります。

また別の試みとして「記憶の場所」というのがあります。秘密拘禁施設だったところを保存して「ここでこういうことが行われた」と伝えるため、忘れないために記憶の場所として残されています。これも、もともとは市民運動から始まったもので、それが左派政権時代に国家の政策に取り入れられ、全国的に整備されました。**画像⑯**は、ブエノスアイレス市内にある「Club Atlético（アスレチック・クラブ）」、**画像⑰**はまた別の秘密拘禁施設で、「Automotores Orletti（オルレッティ自動車）」という場所です。ここはガイドするスタッフがいて、決まった日に行くとツアーガイドをしてくれ、近隣の小学校からの社会科見学先にもなっています。こうした秘密拘禁施設となった軍や警察の施設、あるいはそれに用いられた民家などは、いま全国に七〇〇ヵ所くらいあると言われていて、確定し保存が始まっているところだけでも五〇〇ヵ所以上あります。それらは七〇年代、八〇年代だけではなく、ずっと前からあった、アルゼンチンの歴史のなかでの国家テロリズムの跡として遺され、**画像⑱**のようにアルゼンチン政府によってマッピングされています。

画像⑲は、さっきお話しした遺骨の掘り返しですね。司法人類学チームの活動です。

最後に「エスクラッチェ」という活動の話をします。これは先ほどお話しした失踪者の子どもたちが始めた活動で、裁判が法によって阻まれていたとき、彼らはそのような司法（justicia）の状態を不正義（injusticia）であるとして国家に抗議し、正義（Justicia）を何らかのかたちで回復しなければならない、民衆の手で実現することが必要だと考えました。そこで、「真実裁判」（八一頁参照）という

⑮

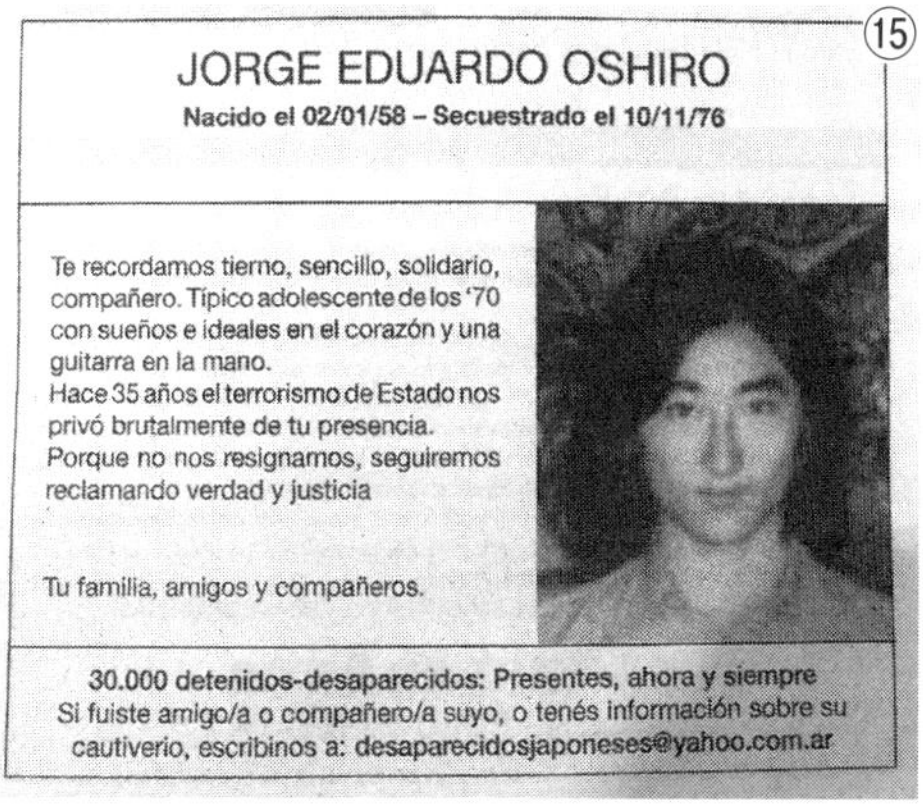

JORGE EDUARDO OSHIRO

Nacido el 02/01/58 – Secuestrado el 10/11/76

Te recordamos tierno, sencillo, solidario, compañero. Típico adolescente de los '70 con sueños e ideales en el corazón y una guitarra en la mano.
Hace 35 años el terrorismo de Estado nos privó brutalmente de tu presencia.
Porque no nos resignamos, seguiremos reclamando verdad y justicia

Tu familia, amigos y compañeros.

30.000 detenidos-desaparecidos: Presentes, ahora y siempre
Si fuiste amigo/a o compañero/a suyo, o tenés información sobre su cautiverio, escribinos a: desaparecidosjaponeses@yahoo.com.ar

⑭

⑰

⑯

⑲

⑱

九〇年代の刑事訴追ではない裁判で加害者であることが判明している人たちに対して、「この人はこういう犯罪を犯した」「ここにジェノサイド犯が住んでいる」ということを、その人が住んでいる場所に印づける運動を始めました（画像⑳）。その地域に住んでいる人たちにも教える形で犯罪の事実をつきつける、こういう活動を「エスクラッチェ」といいます。印をつけるときに集会を開催し、事前に用意した抗議文などを読むパフォーマンス等をするのですが、そこでは正義は上から降ってこない、下から生まれるんだということを若者たちは叫んでいます。現在では刑事訴追が再開されましたが、エスクラッチェがなくなったわけではありません。「裁判にもみなさん行ってください」、「みなさん無関係ではなくて、一人ひとりの市民がこの問題を考えることが重要なんだ」ということを、「子どもたち」は訴えます。今ではこのようなエスクラッチェは人権運動の大きなひとつの要素になっています。

⑳

「問い」を常に開き続ける

最後にひとつ付け加えさせてください。さきほど渡辺さんがおっしゃっていた「和解しない」、というアルゼンチンの人たちの主張について。「和解」に向かわない、それを拒否することも、アルゼンチンの人権運動のひとつの特徴です。和解というのは、当事者同士でなければ本来できないことだと思います。そして「強制失踪」の当事者は、消されてしまった、不在です。だから「和解しない」という決意は、解決を拒否しているのではなく、強制失踪とは和解という解決があり得ないような犯罪なのだという告発でもあり、「解決し得ない」からこそ、問題化し続けるという決意なのだと思います。では、「問題化しておく」ということが何を意味するのかというと、これは私の考えですが、「無関係な人はいない」ということだと思います。問い続ける、記憶を求め、真実を求め、正義を求めるというのは、その社会全体に関わることです。被害者が誰だったか、悪者は誰だったか、という個人レベルの問題ではなくて、国家犯罪ですから、社会に無関係な人はいないはずで、それは同時代の世界のあちこちとつながっていることでもある。この国、あるいはこの世界で、この時期に、こういう人権侵害が行われたということを、今生きている、あるいは未来に生きる人々はどう考えるのか、という「問い」を常に開き続けて、あなたも考えてください、という問いかけを含んでいるのではないか。それが、研究する中で私が感じてきたことです。後でゲストのみなさんの意見も聞きたいと思います。ありがとうございました。

石田智恵（いしだ　ちえ）
早稲田大学法学学術院准教授（二〇一九年度より）。アルゼンチン日系移民コミュニティの調査中に日系失踪者家族会に出会ったことをきっかけに、「失踪者」の文化人類学的記述に取り組む。アルゼンチンの人権問題に現れる様々な「少数者の抑圧とその抵抗」のあり様を調査研究している。著書に『同定の政治、転覆する声―アルゼンチンの「失踪者」と日系人』（春風社、二〇二〇年）

画像出典

①〜④⑦ Eduardo Luis Duhalde, *El estado terrorista argentino*, Argos Vergara, 1983.
⑤エスマ構内に展示されている写真を筆者撮影
⑥"El espacio público y las Madres", Clarín. 2012.8.3 https://www.clarin.com/mundos_intimos/espacio-publico-Madres_0_r1FZ1SW3vXe.html，写真は carlos villoldo
⑧「五月広場の祖母たち」ウェブサイト　https://www.abuelas.org.ar/abuelas/historia-9
⑨〜⑫⑯⑰筆者撮影
⑬⑭日系社会失踪者家族会（アルゼンチン）提供
⑮Página/12（2011.11.11）
⑱アルゼンチン政府作成
⑲アルゼンチン司法人類学チーム（EAAF）ウェブサイト
⑳HIJOSのラジオ局ウェブサイト"la imposible" http://www.laimposible.org.ar/2016/12/15/h-i-j-o-s-capital-realizo-un-escrache-a-la-domiciliaria-del-genocida-alfredo-feito/

五月広場の母たち

ノラ・コルティーニャス

Nora Cortiñas

（訳・石田智恵）

　みなさんこんにちは。今日はここにお越しくださり、そしてご招待いただきありがとうございます。時間の都合上、行儀よく（笑）、原稿を読ませていただきます。（着席を勧められて）いいえけっこうですよ、若いので（笑）。お招きほんとうにありがとうございます。日本に来るのは初めてです。今日みなさんとこうしてご一緒できてとても嬉しいです。

　あらためまして、私はノラ・モラレス・デ・コルティーニャスといいます。息子が二人います。カルロス・グスターボとマルセーロ・オラシオといいます。それから孫が三人、ひ孫が四人います。「五月広場の母」としての私の物語は、グスターボが消えたところから始まります。私は普通の主婦でした。洋服の仕立ての講師で、あらゆる年代の生徒を自宅で教えていました。平穏な人生でした。中流階級の家の中の生活で、よく働く夫は私が外で仕事をするのを嫌がりました。そう、マチスタ（男性優位主義者）です。ところがある日、グスターボが連れて行かれてしまってから、私の人生は完全に変わってしまったのです。もう二度と、決して、以前の生活に戻ることはないでしょう。

　グスターボは二四歳でした。仕事に向かう途中、私たちの家の近くで拉致されました。一九七七年四月一五日のことです。結婚していて、二歳の息子がいました。経済を学び、ある政治組織に所属し、とても貧しい地区で社会奉仕活動をしていました。その時から彼の消息は何もわかっていません。まったくの不明です。四一年間、もうすぐ四二年になりますが、何もないのです。息子の失踪・消失というできごとのあとに、何年も何年も「わからない」が続きました。彼の身に何が起こったのか、誰がその責任者なのか、どこへ連れていかれたのか、わからないまま四一年が経ったのです。情報はまったくありませんでした。私はあの子を探して歩き回りました。夫も手伝ってくれたし、家族みんなが助けてくれました。それでも、どれだけ歩いて、どこを訪ねて行っても、今日まで何の返答もないのです。これが、強制失踪というものです。二度と何もわからなくなります。連行された人もまた、家族がどうなったか知ることはない。まさにナチスのやり方です。

強制失踪とは

グスターボは、一九七六年から八三年までのあいだ国を破壊した独裁体制によって逮捕拘留され行方不明にさせられた男女三万人の強制失踪者の一人です。軍が政界や産業界、教会の支持を背景にクーデタを実行したとき、国家転覆活動に対してキリスト教的西洋社会を防衛するのだと言っていました。でも実際に行なわれたのは、国家テロリズムでした。その頃、同じことがラテンアメリカの他の国々でも行なわれていました。というのも、それらの国のクーデターの背後にも、米国と、米国が促進する経済的、地政学的関心があったのです。

国内に三六〇ヵ所以上もの秘密拘禁施設がつくられました。そこにいたのは囚人ではなく行方不明者です。この常軌を逸した方法論は、繰り返しますが、ナチスが考案したものです。フランス人も、アルジェリアなどの植民地を維持するためにこの方法を用いました。アルゼンチンの軍人は、自分たちの絶滅計画を実行するため米国から訓練と物資を得ています。

強制失踪は人道に対する犯罪のひとつ、犯罪のなかの犯罪です。だから恩赦はあり得ないし、時間が経っても消えない、続いている犯罪です。継続しています。今日まで、グスターボはずっと行方不明です。今この時もです。

アルゼンチンの逮捕失踪者は普通の人々でした。多くは労働者や学生で、他にもあらゆる職種の人がいました。その大多数は一八歳、二〇歳から四〇歳くらいまでの世代に属していました。しかし中には子どもの失踪者もいます。当時生まれたばかりだった子どもたちは、さきほどお話しした恐怖の施設に拘禁されていた母親から奪われたのです。逮捕失踪者全体の三〇％以上が女性でした。拷問は大人の女性・男性のみならず、お腹の中にいた赤ちゃんにも行なわれました。母親のヴァギナに金属のスプーンを入れ、ピカーナ［訳注：拷問道具の名前］で電流を流して体内の胎児を痛めつけたのです。許しも、忘却もありません。何もかもあまりにひどい。だから和解もありません。不可能です。それだけでなく、連れ去られ、拘留されていた子どもたちを探していた母親や親族までもが拉致されたのです。

失踪者は、毎日いない状態です。毎朝毎晩、日が昇っても日が暮れても、行方不明のままです。何年も経てば、時にはこんな犯罪はもう忘れるべきだと言われることもあります。「母たち」はなぜ五月広場に通い続け、声をあげ続けるのかと問う人もいます。まるで愛する誰かを歴史から消してしまえるかのように。ですが、強制失踪は持続する罪です。遺体や事実の情報が現れるまで毎日毎日、その罪は犯され続けるのです。だから、忘却はあってはならない。赦しもあってはならないのです。

五月広場の母たち

当初、母親たちは我が子を探す途上で互いに知り合いました。私たちは二四時間、来る日も来る日も捜索に明け暮れました。人身保護令状を申請し、内務省や軍の駐屯地、各種役所、教会を尋ねて回りました。裁判所に行き、廊下を歩いていると、まだ若い別の女性とすれ違います。想像してください、その頃私たちはまだ五〇歳手前です。そんな他の女性たちを見て、そのひどい顔色に現れた悲しみを見て取ると、すぐに問いが浮かびました。「あなたも？」と。軍の施設に問い合わせに行くと、軍人はこう言いました。「そうですね、奥さん、捜索を続けるのに必要な寄付をお持ちいただけるなら」。いつもお金です。親族たちからお金を奪っていたのです。たくさんの人が、家や車を売ることになりました。失踪の解決のためならと、人々は答えました。「わかりました。いくらお持ちすればいいでしょうか」。海軍はある教会のなかに事務所を作り、そこでスータン（聖職者の通常服）を着てブーツを履いた司祭に、我が子を探す親たちの対応をさせていました。司祭の返答はいつも恐ろしいものでした。「娘さんが見当たらないなら、家から出て行ったのでしょう。宿題や仕事が嫌になって」。

そんなことを言うのです。善人面をして、そんな最低の説明を。

あれだけの数の絶望した家族を思いのままに操るというのは恐ろしい悪行です。彼らは決して罪に問われることがないと考えていました。国全体で裁判が開かれる、そんなときがくるとは夢にも思わなかったのです。何年もの継続した要求が、民衆を動かし、人々が通りに出て訴え、正義が問われるようになるなんて、考えもしなかったのです。

捜索しているうちに、私たちはみんな同じ不確かさに、同じ疑問にぶつかりました。うちの子はどこにいるの？ どうして連れて行かれたの？ そうして共感・共有が生まれ、そこから、同じように子どもを探している母親のグループが五月広場に集まるようになっているということを知りました。一九七七年五月のことでした。クーデターから一年が過ぎ、国は紛れもなく恐怖の状態にありました。でもそんな中、わずかな時間でしたが、最初は一四人だったのが二〇人になり、毎週数は増えていきました。

最初の「母」はアスセーナという女性で、生まれながらのリーダーでした。彼女は力を与えるのです。人柄は忍耐強く寛容で、他の人に語り、意見を出すよう促し、全員から意見を集めていました。権威主義的であったことは一度もありません。むしろまったくオープンな、飾らない人で私たちみんなで話し合い、みんなで決めるようにしようと言っていました。彼女といると、私たちは娘・息子の捜索に励むことができました。「五月広場に行こう。大統領官邸に行こう。そうして私たちの姿が人目に触れなければいけない」。そう言ったのは彼女でした。同じように、いつも手紙や何かの下書きを用意しては毎週持ってくるのでした。ローマ教皇宛の手紙や司教会議、各国大使館、軍宛の要望書などです。彼女が下書きを持ってきてそれをみんなで読み、その場で手紙に仕上げました。彼女が持ってきたのがその場で思い付いた下書きの紙でも、私たちはそこに直接署名しました。いつだれが提出するかについて話し合うのはその後でした。

私たちは少数でしたが――その頃はまだ少なかったんです――なにか行動するときは常に一緒にやりました。人身保護令状の申請も、集まって、列に並んで提出しました。誰がどこに行くか、何をするかを分担し、その後また集まって、それぞれの活動がどうだったかを確認し合いました。自発的な組織で、非合法なところはまったくありませんでした。「私たちはここにいる」「子どもたちを探している」と言っていただけです。ときには議論もしたし、喧嘩もしました。何年もの間、定まった形式をとらず、あるがままでした。私たち同士の間で、互いを尊重し合う民主主義を実践しました。意見がまったく同じという人は誰もいなかったけれど、互いに独立を保って自制してきました。今もそうです、考えが同じというわけではないけれども、一緒に闘っているのです。

私たちの道のりは自覚・認識を深める道のりでした。最初は「なぜ」、次に「何のため」についてです。「なぜ」子どもたちは連れ去られたのか？　それはミリタンテ（闘士、活動家）だったから。それが連行の理由でした。年月が経ち、我々の子どもたちの闘いを引き継いだ労働組合員や教師たち、医師たちとともに抗議運動をするなかで、「何のために」もわかってきました。それは新自由主義による抑圧の経済政策の導入のためでした。それは飢餓と仕事不足をもたらし、国の豊かさを縮小する政策、この国を貧困の国にすることでした。

こうして私たちは、お互いに助け合いながら、恐れることなく子どもたちを守り、名誉を回復することを学んできました。日々学ばなければいけませんでした。代わりに失ったものもあります。通りに出るため、家を放り出し、家では何もしなくなりました。私の生活は息子を探すことだけになったのです。毎日グスターボを探しに出かけました。実際には、それまでどおり家のこともしようとしていたので二重の生活でしたが、ほぼ常に外に出ている状態でした。息子の捜索のために頭がおかしくなった主婦です。というのも、強制失踪は、そのわからなさ、今日も明日も、いつ、どこで、どうしたのか、何もわからないということが、狂気をもたらします。恐怖を感じたこともありました。電話がかかってきて、脅迫されたからです。留置所に送ってやると言われたり、ひどい扱いを受けたこともありました。電話は何度もかかってきました。これは原稿には書かなかったのですが、追加します。私は一度拘留されました。ある時、私たちを怯えさせるために、ある警察署の留置所に入れられました。その隣では人が死んでいました。わかりませんが事故か何かで死んだ人がいて、おそらく私たちを脅すためにその遺体と一緒に私たちを拘留したのでしょう。私たちはそのあと起こるかもしれないことを考えて大きな苦しみと恐怖を感じました。

広場に通い始めて何年かして、「母たち」がすでに四〇〇人以上になっていたころ、父親たちも来るようになりました。そばのベンチに座っていたり、周りを歩いたりしていました。でも私たちの中に入って行進はしませんでした。私たちはいつもこう考えていました。父親を連行されていたら、状況はかなり違っていただろうと。私たちは軍人たちに言いたい放題言っていました。面と向かってののしりました。でもそれは父親たちには無理だったでしょう。私たちは叫び、地団駄を踏み、泣き叫びました。そう、泣いていました。今も泣いています。いまだに気持ちが抑えられなくなります。まるであの最初の日のように。

最初はそんなことは考えていませんでしたが、私たち「母」の闘いは、闘争にジェンダーを付け加えました。女性として闘いに出たのです。私たちは軍事独裁に立ち向かうと同時に、私たちを女性という理由でぞんざいに扱った社会に立ち向かいました。その最初の相手が軍人であり、教会であり、政治家だったということです。私がこうして「かぶれ」たのは——というのも、夫があまりにマチスタだったので私がフェミニストになるなんてびっくりだったんです——それまでやったことのないことをしたからです。それが、街に出て軍事政権にたてつくということです。それが私をフェミニストにしたのです。

スティングの歌に、「彼女たちのダンスは孤独じゃない」というのがあります。その通り、母たちは孤独ではありませんでした。弾圧があまりに苛烈だったので、弾圧の時期［訳注：軍事政権期の最初の数年間のこと］には、自分の子どもの仲間たちにも、五月広場に来ないでほしいと私たち自身が思っていたこともあります。ですが彼らは自分の仕事をほったらかしても活動を続け、拳を下ろそうとはしませんでした。

私たちには、たくさんの思い出、感謝にあふれた世界があります。一緒に歩いてきた男性、女性、政治家、ジャーナリストたちが、私たちの苦しみを自分のものとして引き受けてくれました。それは民衆に起こったことだと考えているからです。言葉や文字が役に立たなかったときには、画像を使ったグラフィック・メディアが大きな役割を果たしました。画像の説得力がすべてを語っていました。

世界各地からも連帯の声が届けられ、それは日々私たちの力となりました。そのおかげで、告発は次第に大きくなり、世界中に知られることになり、その情報はどんどん拡大していきました。アルゼンチンには、一四ヵ国にルーツのある強制失踪者がおり、その出身国のなかに日本も含まれます。生きるためにやってきたか、親がそうだった移民たちです。スペインで、イタリアで、フランスで、そしてスウェーデンでも、アルゼンチンでのジェノサイドを裁く訴訟が実施されました。それは人々がこの罪を不問にすまいとしたからです。

不処罰に抗する成果

国家は、失踪者や民衆活動家の復権に対して義務を負っていませんが、その人々を尊重する義務、その人権を侵害しない義務はあります。司法権の独立が守られ、正義がなされることを保証する義務を負っています。軍人は人々を拷問し失踪させたと認める義務があります。彼らが人命を破壊し、財産を奪い、多くの人にアルゼンチンで暮らしたり働いたり家庭を再建したりできなくさせたのなら、経済的な補償があって然るべきだと思います。戦争を行なった国ですらなされるのですから。そしてそれは、祖国のために闘った人々を認めるという歴史的補償（reparaciones históricas）を伴った誠実な行為であるべきです。

独裁が終わったあとに発足した全国失踪者調査委員会（CONADEP）は、重要な歴史の埋め合わせでした。弾圧の時期にあらゆる人権組織が受け止め、拡散してきた被害の訴えや恐怖の証言がそこで公的に認められたのです。

最初の裁判は、独裁体制の終焉からわずか二年後に開かれました。軍に対する裁判が行なわれ、有罪判決が下され、真実の兆しが見えました。それは、もし正義・司法（justicia）があるなら、それは真実の手によってもたらされるのだと思わせるものでした。家族たちは初めて心の落ち着きを得ました。殺人者や拷問者たちが不処罰のままでいることはないのだと。その後、また闘いの時期がやってきました。終止符法と正当服従法、そして恩赦令が、あらゆる正義・司法（justicia）の可能性を崩してしまったからです（八二・八三頁参照）。崩壊してしまったものを修復するため、不処罰に抗して私たちはずいぶんと動きました。その闘いは長年に渡りました。やるべきことは、あらゆる真実を語ることだったからです。

今日、アルゼンチンは、通常の裁判所でジェノサイドの加害者を訴追することを可能にしたラテンアメリカで唯一の国です［訳注：二〇一三年以降はグアテマラでも］。判決は時に、犯された犯罪の恐ろしさに比べて不十分なこともあります。それでも有罪は有罪です。刑罰はもの足りないかもしれません、それでも刑務所に行きます。当初、彼らの刑務所での待遇は非常に優遇されたものでした。街に出た人々の闘いは、彼らを一般の刑務所に送ることも達成しました。きっといつか、アルゼンチンは不処罰・免罪免責（impunidad）のない国になるでしょう。私たちの闘いは、不処罰をなくすためだけでなく、二度と恐怖が繰り返されないためのものです。それが「ヌンカ・マス（nunca más）」、「二度と再び」ということです。

この道の途中で、国際人権組織とのつながりができたこと、そして人道に対する犯罪を罰する法が定められたことは、私たちにとって大きな助けになりました。他の国との交流によって、私たち自身もいろんなことを理解していきました。私たちは「ＦＥＤＥＦＡＭ」（強制失踪者親族会ラテンアメリカ連合）の一員として、強制失踪を人道に対する犯罪として宣言する協定を締結するため、国連や米州機構、その他の国際機構でも長年働いてきました。それでも状況は解決しません。苦しい闘いでした。国際機関は私たちが要求し主張していたことを達成したわけではありません。私たちが求めていた罰には応じないようにとの意図が働いていたからです。そしてまだ終わっていません。たとえば、武装した市民の行為と国家の行為とのあいだでの有罪性の度合いの違いは定まっていません。また、策略・不正もたくさんあります。条約やその適用は、経済的な関係や、権力の非対称な関係に左右されるのです。

私たちの息子・娘たちの記憶、日ごとに連なっていく痛み・苦しみは、私たちに消えることのない跡を残します。毎週やってくる木曜日［訳注：五月広場では毎週木曜日に母たちによるデモが行われてきた］は、毎回が新たな決意の日であり、決意の儀礼の日です。始まりは、何の決まりも計画もない自然発生的なものでした。そして今も、心の奥深くに根差した決意であり続けています。何よりもまず重要な動機は、国家テロリズムとは、軍・民・宗教の独裁とは何だったのかを記録すること。正義を訴え続けること。何も忘却しないこと。三万人の失踪者を忘れないこと。四〇〇人、五〇〇人、六〇〇人の子どもたちが母親から奪われ、自分自身の身元を知らないこと。「死の飛行」の記憶、牢の中での苦しみの記憶、何千人もの亡命、栄光も愛着もない亡命。そして、内心の亡命もあったこと。無関心な者たちを除いて、誰もが苦しんだのです。

私たちは、進展し続ける裁判にいつまでも寄り添い続けます。そして国家が保持するアーカイブズの公開要求も決してやめません。時間の経過とともに、自分の息子や娘が掲げていた闘争の旗を私たちが手にするようになっていきました。こうして政治的に成長してきたのです。母たち一人ひとりが、自分の子どもから、そして愛情を共有している他の子どもたちから受け継いだ何かをどこにもたらすことができるか、手探りで求めてきました。誰かの闘いをどうすれば支えることができるか考えて、貧民街（ビージャ）

に通うようになりました。長きにわたって虐げられてきた先住民コミュニティとも一緒に歩いてきました。私たちは子どもたちが参加していた社会運動に参加しています。貧困地区で活動する教師たち、医師や看護師、定年退職者のボランティア・グループなどと協力しています。最初は、息子たちの代わりに社会組織に入ってその穴埋めをしようとしていたのです。

私たちの組織、「五月広場の母たち　創設者路線」のなかには、対外債務の問題を抱えている母親も一人か二人、います。「失踪した息子と対外債務にどんな関係があるっていうの」と思われるかもしれません。関係があるのです。私の息子グスターボもその対外債務の一部です。それは、七六年、国家テロリズムが始まった年、ＩＭＦや世界銀行などの巨大国際金融機関に国が金を無心するようになったからです。そのお金は強制収容所を建てるためであり、拷問に参加した軍人や民間人に手当を支払うためであり、拘禁中の母から生まれた赤ん坊の略取の手続きに関与した人たちに、死の飛行のために用意された航空機に、そして彼らが望むとおりの経済転換を進めるためのものでした。こうしたもののすべてが対外債務を膨らませ、今日においても、外部に対する正真正銘の「債務・借り」であり続けています。民衆がこしらえたわけでもない借りを私たちは払わなければならないのでしょうか。この負債を私たちが払い続けるのですか？　そんなことできません。どんな国でも。つまりこれは不法な、いわれのない負債なのです。民衆に対する挑発です。負債に対してもまた、「記憶・真実・正義」がなされなければなりません。ＩＭＦはもう二度といらない。民衆が借りていないものはもうこれ以上払いません。

やるべきことはまだたくさんあります。私たちは日々、地歩を固めなければなりません。息子や娘の歴史のために、自発的に、感情のままに、臆することなく街に出てきた何年もの活動をこれからも実例として続けていくのです。かつても今も、深い感情に突き動かされて動いています。これからも、真実と正義を、すべての真実と完全な正義を手にするために、私たちは独立した政治活動を続けます。

日々止むことなく、この道を照らし続けなければなりません。道の先には最後には小さな光が必ず見えるものです。その小さな光は、みんなが幸せに生きるという希望を意味します。橋の下や鉄道の駅で子どもたちや家族が、心ある誰かがよこした薄い毛布一枚で眠っているのを目にして、あるいは一皿の食べ物を受け取るために列を作って待っている人たちを見て、平穏な気持ちで家に帰って眠れる人などどこにもいません。空腹に苦しむ人、屋根のない生活、誰にも守ってもらえない人がいることを知って、誰が幸せに家に帰れるでしょう。そんな人はいないと私は思います。この「記憶・真実・正義」の土台を築くのは日々の闘いです。闘いは、最初は一人の息子の失踪という、我が身を切るようなできごとから始まりました。腕をもぎとられて、傷口から血が流れ続け、傷が塞がることはありません。補償は痛みを和らげますが、それだけです。そうして私たち自身も、息子・娘たちの名誉回復・復権（reivindicación）とは正義がもたらされるようにすることだったと初めて理解し始めたのです。私たちは我が子の追い求めた理想を守りました。今日もそうし続けています。「諦めちゃいけない。これは続けなきゃいけない」、そう口にした者の精神には何かが宿るのです。私たち自身がお互いに与え合う力もエネルギーを与えてくれます。人々は互いに、きっとやり遂げるだろうと信じることで、力を与え合うのです。

ノラ・モラレス・デ・コルティーニャス
Nora Morales de Cortiñas

一九三〇年生まれ。一九七七年四月一五日、息子のカルロス・グスターボ（二四歳）が失踪。息子を探すなかでこれは個人的なことではないと気づき、一九七七年に「五月広場の母たち」を共同創設、一九八六年からは「五月広場の母たち　創設者路線」の共同創設者。「私たちはただ一人の子どもの母ではなく、すべての失踪者の母となったのです」と語り、「記憶・真実・正義」のためのゆるぎない活動、闘いの軌跡は米州人権委員会や国連などでも広く知られる。

＊「モラレス」はもともとの姓で、「コルティーニャス」は夫の姓。「デ・〜」で夫の姓を示すが、子どもは父親の姓を第一姓とするため、「五月広場の母たち」は捜索する子とのつながりを示すために、あえて夫の姓を「デ」なしで（「ノラ・コルティーニャス」のように）名乗ることが多い。

撮影：島崎ろでぃ

加害者こそが侮辱に値する

グラシエラ・ガルシア・ロメロ
Graciela García Romero
（訳・石田智恵）

これから、一九七〇年代の絶滅拘禁施設での個人的な体験についてお話しします。新聞の取材や裁判での供述などの場ですでに何度も話してきた内容ですが、今回は、私たちが取り組んでいるテーマから出発して、女性をめぐる問題に焦点を当てて、自分の物語を見つめ直しました。拘禁された女性たちの足跡をたどるというこの作業のためには、一方で——時間の問題もあって——男性の存在を脇に置かざるを得ませんでした。ですが男も私たち女と同じ目に遭い苦しんできました。男性たちに言及しないからといって、今からお話しすることの趣旨が彼らに該当しないわけではないことを、どうかご理解ください。

実は私自身も驚いたのですが、自分の過去をあらためてジェンダーという視点から思い返してみると、いくつもの光景がはっきりと意味をもつようになりました。そこで今日は私たち被害者女性の体験を、これまでの証言のように拘禁施設における軍の統治体制の一部としてではなく、それ自体を主題としてお話ししようと思います。そうすることで、女性に対する性的侵害が軍という体系の中の具体的戦略として存在したのだという私たちの考えをお伝えできると思います。

私は一九七六年一〇月一五日に拉致されました。あと二日で、あの最悪の日から四二年が経ちます。あの日は私の人生の決定的な転換点となりました。あれ以来、まったく別の人生になってしまったのです。

その頃私は、一九六〇年代アルゼンチンにたくさんあった政治組織のうちの複数に所属していました。一九六六年の軍事クーデターによって成立した独裁体制は、それまでにない規模で、若者を様々な形での政治参加、社会参加に向かわせたのです。民衆に向き合う若者たちの社会的意識が生み出した政治闘争の形は、その後の数年間に確立され、一九七三年の民主制復活においても根本的な役割を果たしました。

ところが、その民主主義体制もわずか三年で終わりを迎えます。一九七六年三月、またもや独裁体制が民主政権を倒し、アルゼンチン史上もっとも血なまぐさい時代の幕が上がったのです。彼らの目的のなかでもまず重要だったのは、対抗的なあらゆる政治組織を刈り取ることでした。アメリカ合衆国に依存した経済モデルを導入するために、政治参加の強い意志を持った若者を殲滅する必要があったのです。

二七歳だったその日の午後、組織の仲間の女性と一緒に歩いていたところ、突然伸びてきた腕に喉と胴を羽交い締めにされ、動きを止められました。その瞬間私は、二度と愛する人たちに会えないだろうと悟りました。

秘密拘禁施設エスマ

その日は金曜日でした。午後三時、ブエノスアイレス市街の中心地で、仲間のディアナ・ガルシアと私は捕まり、別々の車で連行されました。走行中の車から飛び降りていったんは逃げることができたのですが、何ブロックか走ったところで再び捕えられ、それ以上の抵抗の余地はありませんでした。私の行き先は、国内最大の秘密拘禁施設のひとつ、エスマ（海軍工科学校、八〇頁参照）でした。

こうして私たちは、何千人ものアルゼンチン人が連れて行かれ、その多くが殺されることになる地獄に足を踏み入れたのです。拘禁が始まってからほとんど最後までずっと、他の収容者と同じように、くるぶしに足枷をはめ、手首には手錠をはめられた状態での生活を強いられていました。周囲の様子を見ないように、目には眠るときに使うような布の目隠しもつけられ、さらに頭から袋を被せられていました。それでも私たちはできる限り様子を窺うようにしていました。そうしてなんとか見えたものを、すべての生還者の証言と突き合わせて再構成したことを、今お話ししているのです。ですからこの語りが真実であることは保証できます。

私たちが連れて行かれた施設では何千人もの人が、上官から非合法行為の権限を与えられた軍人のグループの支配下にありました。その軍人たちは施設内にいる者の生死を決定する権力を授けられていました。つまり私たちにとって彼らは、命を、時間を、そして生きるために必要で最も基本的なことを掌握した主人だったということです。

施設のヒエラルキーの頂点にいたのはエスマ校長のチャモーロ提督で、彼は毎晩、施設内のすべての場所を見回っていました。彼の下にいたのが、施設の統括を任された事実上のトップ、ホルヘ・エドゥアルド・アコスタ海軍課報部少佐です。彼の指揮下には、引退した元海軍中佐のフランシス・ワモンという、アコスタの重要なアドバイザーがいました。さらにその下にはより低い階級の将校が控えており、彼らが拉致の実行部隊を現場で指揮していました。他方、課報担当は捕えた人々を拷問し尋問します。作戦実行部隊に入る将校はローテーションで担当が決められており、一定期間その部隊で仕事をしたら元の配属先に戻るのでした。それらの将校の下にも同じような交代制で下士官が位置していて、彼らは施設内のセキュリティと、私たちを施設内で移動させる任務を担当していました。

こうして、アルゼンチン海軍の実に大部分が、拉致拘禁、市民社会に対する暴力、自らが消した人々の所有物の掠奪に関与したと言って差し支えないでしょう。私が拉致されたのは独裁政権が成立して数ヵ月後で、エスマに着いたころ生存者はまだあまりいませんでした。尋問の部屋は地下にあり、大きな広間と、拷問用の小さな独房がいくつかあり、彼らはそれを「幸福街」と呼んでいました。広間の床にはマットレスが並べてあり、そこにたくさんの人が放り出されていました。地下に入る金属製の扉をくぐるとすぐ、床に横たわる動かない体にわざとつまずかされました。

尋問は、情報収集にあたっていた複数の将校が取り仕切っていました。方法は、殴る、侮辱する、弄る、そして何よりピカーナと呼ばれる道具がよく用いられました。これは囚人の肌にあてて電流を流す装置です。

拷問の時間が終わると、被害者はいろんな場所に連れて行かれました。一つ挙げるなら、最も大きな場所は「カプーチャ」（これは私たちが顔に被せられていた布の袋のことです）と呼ばれる巨大な屋根裏部屋で、そこに私たちは薄いマットレスしか与えられず床の上に放り出されていました。そ

グラシエラさんが拘禁されたエスマはブエノスアイレス市内にあり、国内最大規模の秘密拘禁施設だった。現在は強制失踪の実態を伝える博物館になっている。

の場所は「ベルデ」たちの王国でした。ベルデ（「緑」の意）とは下士官のことで、緑色の軍服を着ていたのでそう呼ばれていました。彼らの役目は私たちを見張り、管理し、別の場所に移し、一日に二回パンとマテ・コシード――アメリカ大陸産の一種のハーブティです――を与え、用を足すためのバケツを渡すことです。目隠しをされていたので、移動のときは彼らが腕をつかんで歩かせるか、小学生が列を作るときみたいに前後に並んで前の人の両肩に両手を置いて歩かせたりしました。

私たちを殴ったり蹴ったりするのも、街で拉致されたときにそこにいたのもベルデたち。私たちの身体を触るようになったのも、入浴を許されたときにドア越しに見ていたのも彼らでした。そして、私たちの何人かが強かんされたと最初に知ったときのその加害者も。ただしこれについては上官がすぐに（下級将校に許されることではないと）「修正」しましたが。そのときから私たちのアイデンティティ／身元は数字に変わっていました。私は五四四と呼ばれるようになります。

体系的戦略の最初の兆候

実は時間が経つにつれて強制収容所は少しずつ変わって

いきました。軍は施設内のやり方を「緩和」したのです。でもそれは、最初からあった目的をごまかすためでしかありませんでした。それは、拘留者の意志をくじくこと、対立する者を消すことです。軍の幹部が構想し、策定し、実行したあの倒錯的な戦略は、その目的のために機能していたのでした。

二ヵ月ほど経ったころ、私は「客室《カマローテス》」と彼らが呼んでいたところに連れて行かれました。そこにはベッドがありましたが、ドアや窓は開かないようになっていました。その中の一室に、夫婦ということになっている男女が暮らしていました。彼らは数ヵ月前に拉致された仲間同士で、妊娠していたその女性を守るために夫婦のふりをして、この場所でこうすれば生き延びることができると身をもって教えていたのです。この男性を除けば、残りの部屋にいたのはすべて女性でした。私が最初に連れて行かれたのはそのなかでも一番小さい部屋の一つで、そこで最初の同室者、ピラールと出会いました。彼女は、先ほど言及した、施設のボスのアドバイザーであるワモン中佐の「訪問」を受けていました。彼が部屋に来ると、私は地下に送られました。彼が来るのはいつも夜で、私はなぜそんな時間に地下に連れて行かれるのかわからず、これは拷問か、移送されるということなのではないかと考えました（移送というのは、後述のとおり施設内では死を意味します）。地下には「幸福街」のほかにも、日中私たちに奴隷労働をさせるための小さな部屋が設置されていました。あるとき私は別の拘留者と一緒にそこに入れられました。二人とも、何をされるのかわからない恐怖に震えて汗をかきながら、なんとかお互いに話をしようとしていました。どのくらいの時間がたった頃だったか見張りがやってきて、それぞれ元の場所に戻されました。同じことが繰り返された二回目か三回目に、何が起こっているのか気づき始めました。その頃ピラールも自分の身に起こっていることを泣きながら打ち明けました。その同じ部屋で、ある日私が一人でいる間に、私の「取調官」と彼らが呼んでいた将校が現れました。私の隣に座って話しかけ、性行為に誘ってきました。私は彼を制止しました。まるで普通の男女の仲でそうなったみたいに。彼を止めることができたのはその一回だけです。

その年の末に、ピラールは「移送」されました。「移送」という言葉は、単なる拘留場所の移動といった意味で使われていました。それでも私たちは、移送日の毎週水曜日には何か恐ろしいことが行なわれていると感じてはいました。それが確信に変わる根拠になったのは、何ヵ月もたってから、ある仲間が移送の日のあとに見たものです。そこにはたくさんの靴が残されていたのです。

私は別の部屋に移され、そこで四人の同室仲間と過ごすことになりました。そのうちの一人は拉致されてからすでに何ヵ月もたっていて、その頃から精神錯乱をきたし始め、宗教的な妄言を口にするようになりました。キリスト教の讃美歌をよく歌い、歌と歌の合間に、同部屋の私たちに、一人で部屋にいたとき部隊のボスであるアコスタ大佐に強かんされたと打ち明けました。長いこと拘禁されていた仲間の女性たちのこのような告白が何を意味していたのか、じっくり考えてみるべきでしょう。それはつまり、失踪という、あの場所にいた私たち拉致拘禁被害者全員が抱いていた未来についての不確定性の問題――生きるか死ぬかということ――だけでなく、女性特有の脆弱性の問題が加わっていたということなのです。すべてが漠然としていて、でも何が起こってもおかしくありませんでした。彼女たちが強かんされたことを伝えてくれたおかげで、これから自分に起こるだろうことを後から来た私たちもあらかじめ知ることができたのです。

毎晩、将校が私たちとおしゃべりしに来るようになりました。誰が来るかを決めていたのはきっとアコスタでしょう。部隊の目的は政治活動家を「治す」ことだと彼らは言い、そのために私たちはエスマから国の南のほうにある社会復帰のための農場に移されるだろうと説明されました。それだけでなく、「西洋的でキリスト教的」な社会の美徳についての教化が常に行なわれていました。

それは、私たち政治活動家を惑わせて骨抜きにするための戦略でした。部屋に他に人がいないとき、私たちはいつもお互いに自分が言われたことを、会話は聞かれているだろうから小さな声で伝えあって、何が本当なのか突き止めようとしました。私たちにとって揺るがなかったのは、彼らの言うことを微塵も信用しないということです。そして私たちに見えていた未来はそう遠くない死だけでした。それは、拉致されほとんど動物のような状態で拘禁され、ある日突然まったく違う扱いを受けることになった者にとっての戦略のひとつでした。拷問、頭に被せられた袋、地面に置かれた薄いマットレス、口にするのはパンとマテ・コシードだけ、用を足すのは共用のバケツという生活から、シャワーを浴び、きちんとした部屋できちんとした食事をとり、トイレを使うことを許される生活へ。ただし目隠しと、手錠、足枷は常につけられ、見張りがいつ何時でもすぐそばに控えていましたが。

一度ワモンが私たちの部屋に入ってきて、何か日々の生活に必要なものはないかと尋ねました。驚いたことに、石鹸や消臭剤、練り歯磨きなどが使えるようになったのです。シャワーを許されたときはいつも、その日の担当の「ベルデ」が、ひとりひとりに着る服を選んで与えるのでした。私たちは施設内に大量の服があることを知っていましたが、それは彼らが殺した人から奪ったものや、拉致した人々の家から略奪したものでした。このような待遇の大きな変化のひとつとして、いつだったか服を買いに連れ出されたこともありました。これらすべてが、今となっては明らかですが、当時の私たちにはわからなかったある意味をもって指揮されていたのです。私たちの身だしなみは彼らのために整えられていたのです。

私たち拘留者のほぼ全員に行なわれた方法の一つに、家族と話させるというものがありました。想像してみてください。あんな穴の中に放り込まれ、何の制限も課されない狂った人たちに管理され、そこから出ることはないだろうと知っていながら、両親やきょうだい、パートナーの声を聞く瞬間がどんなものだったか。私たちの声を聞いたとき家族が感じたであろう、かすかな希望についても想像してみてください。何よりもまず、私たちが生きていたということ。それから、誰にも話すな、どこにも訴えを出したりしないほうがいいと家族に忠告がありました。私はその時、軍人にも母親がいるはずだ、拉致した人に母親と話させ、それから殺すなんて考えられるはずがない、と思いました。でもその推論は間違っていました。多くの人が家族との会話を許されたあとに殺されています。同様に、私たちは家族と接触することも許されました。私を両親の家に連れていったのはアコスタです。その面会は家族みんなにとって喜びでもあり、同時に絶望だったでしょう。絶望というのは、私が司法に則って逮捕拘留されているわけではないことが明らかになったからです。私の家族のことも調べ上げられていて、それぞれがどんな仕事をしてどんな環境にいるかはよく知っていると、一緒にいた軍人が直ちに明かしましたから。そこから、他の多くの収容者にも実施されたもうひとつの拷問が私に対しても始まりました。私たちの命と引き換えに家族を脅し、弄ぶのです。私の場合は、姉たちが何年もの間その圧迫に苦しむことになりました。

今から振り返って順番に考えれば、拉致した女性やその家族に対する振る舞いに一貫性が存在したことがはっきりとわかります。あの時期に、エスマを象徴する最も忌むべき手法の一つが端緒を開こうとしていたのです。それは、家族をレストランでの食事に招待したり、家族のお祝いの機にプレゼントを贈ったり、私たち拉致被害者をグループで夕食に連れ出したりといった、倒錯的行為です。家族は狂気じみた混乱を味わわされました。

私たちも同じです。しばしば夜も遅い時間に起こされて、アコスタと一緒にブエノスアイレスの有名なレストランに「食事に」連れ出されたり、当時もっとも有名だったナイトクラブに他の大勢の女性収容者と一緒に連れて行かれたこともありました。こういったプロセスが、いかに私たちをその計画的倒錯の共犯に仕立て上げようとするものだったか、何年も経ってから私たちは理解しました。彼らのこうした行動はすべて計画に沿ったものだったのです。その目的は私たちを破壊することでした。彼らがどうやって私たちに「責任を負わせ」ようとしたか、気がつくのにずいぶん時間がかかりました。

そしてこの戦略の一環として、なかには自分のパートナーや子どもと何日か施設の外で過ごすことを許された収容者もいました。外というのは、別荘のことです。私たちの国では、週末に過ごす家のことをキンタと呼びます。それを彼らはもう一つの拘禁施設として使うようになりました。それは私たちにとって屋外に出る機会を得ることを意味し、私たちを待っていたこの「新生活」という詭弁に内実を与えるのに好都合な環境となっていました。しかし同時にそこは女性への性的虐待を容易にする場所でもあったのです。

屋根裏《カプーチャ》から別荘《キンタ》へ

ある晩、私たちは拘禁施設から別荘の一つに連れて行かれました。この状況を指揮するアコスタは、まとまった人数の女性収容者と将校を連れ出しており、「誰にするか決める」よう私たちに言い渡しました。またしても、何を言われているのか理解できませんでした。私たちが彼らに抱いていた底なしの不信感はその瞬間にさらに深まり、恐怖と狼狽しかありませんでした。私たちが黙っていると、彼が全員に対してそれぞれパートナーを「選んだ」のです。幸運にも、私にあてがわれ一緒にプールサイドでくつろぐよう命じられた軍人は、話をするだけでした。少したって、全員エスマに戻されました。

今から二年ほど前、ある外国人のジャーナリストが私たちに教えてくれたのですが、彼は現在収監されている元加害者の一人にインタビューすることができ、オフレコを条件に、こう告白したそうです。当時アコスタが部下の将校を集め、彼らの今後の任務の一つは拘留中の女性との間に強制的、持続的に性的関係を持つことであると説明した、と。その指示の意図は明確でした。女性拘留者に接近してよいのは将校だけで、下士官らが誰かを強かんしたらそれは厳しく罰せられるということです。この命令によって、多くの女性に対する強かんが体系的に開始されたのです。

たぶんあれはもう一九七七年の一月だったと思います。ある晩一人のベルデが入ってきて「五四四番、下へ」と言いました。そのとき初めて私はアコスタの執務室に連れて行かれました。そこにはダウンライト一つしか照明がなく、薄明かりのなかに彼の顔が浮かんでいました。私が黙っている間、彼はいろんな話をして、そしてケーキを一切れ差し出しました。私は迷うことなく受け取って食べました。そんなものは久しく口にしていなかったので味も忘れていました。その後、前置きは一切なしに彼はこう言いました。「明日連れて行く」。説明されなくても、その意味がわかりました。

実際にその翌日の午後、ベルデが私を迎えに来て、私は目隠しをされたまま車に乗せられました——そのあと手錠と足枷を外されました。その車はアコスタ自身が運転していました。どのタイミングだったか覚えていないのですが、目隠しが外され、窓から街の景色が見えるようになりました。それでベルグラーノ地区（ブエノスアイレス市内北端の富裕層が多く住む地区）に車が停まったのもわかりました。建物の中に入ると、彼が何か気にくわないような様子なのに気がつきました。停電だったのです——私は自分の幸運を喜びました！　しかし結局彼は階段を上がることにしました。部屋はマンションのかなり上のほうにあったにもかかわらず。これが最初で、その後何度も私はいろんなマンションに連れて行かれました。時には、アコスタがやってくるまでその部屋に何日も閉じ込められたこともあります。エスマに戻ると必ず、手錠と足枷、目隠しをつけられました。

同じ部屋の別の女性のことも覚えています。夜間、突然私たちの部屋にベルデが入ってきて、彼女の番号を叫ぶときの彼女の苦痛を。数時間後に彼女が部屋に戻ってきたら、しばらくのあいだ全く口を開かないでひたすら眠りにつこうとするのだと、私たちみんなが知っていました。連れて行かれた先ではアコスタに弄ばれるのです。そして夢の中は、私たちがその場所から「逃れる」ことができる最良の場所でした。私は他の数人の同部屋の女性と一緒に別荘に連れて行かれ、アコスタがやってくる忌まわしい日までそこに何日か放置されることもよくありました。

弾圧者たちの行動のなかでもっとも非道で倒錯的なもののひとつが、エスマにいた妊娠中の女性たちのために用意された「助産所」でしょう。そこには、他の拘禁施設にいた出産間際の女性たちも連れて来られました。彼女たちには一部屋あてがわれ、そこには揺りかごと赤ん坊のために必要な衣類などが一式置かれていました。分娩が終われば、母親は移送され、子どもは奪われました。

一九七八年一二月、私たちは解放されると言われました。信じませんでした。実際に家族のもとに送られるまでは。ひとたび家に戻ると、私はそこから全く動きませんでした。ひとつには、外から監視され、電話は盗聴されているとわかっていたし、いつ何時また彼らが現れるかわからなかったからです。それに、外に出たらすぐ路上で殺されると思い込んでいましたから。私たちはなぜ生きて外にいたのかわからなかったのです。最悪の精神状態でした。それが、「監視つき自由」と彼らが呼ぶものの始まりでした。私の場合、毎日車で家に迎えが来て、外務省関連の仕事場まで移動し、帰りにはまた家まで送り届けられました。その間私たちは誰かと接触しようという気にはなりませんでした。また捕まるのが怖かったし、彼らは何度も私たちをエスマまで連れて行って、拘禁生活に戻すと脅していたからです。

何人もの被害者が海軍の関連施設に送られ、毎日監督されていました。そうこうするうちにマルビーナス（フォークランド）戦争が始まって、海軍はイギリス人を相手に戦うことになったのです。

この期間に二度、仕事場に迎えが来て、アコスタのもとへ連れて行かれました。二度目に決意して、これ以上会うのはいやだと彼に伝えました。それが一体どんな結果をもたらすかわかりませんでしたが、どうでもよかったんです。でも幸いにも彼はひとこと、同じことを別の女性からも言われたので驚いた、と言っただけでした。そのもう一人の女性、私と同じ生還者ですが、彼女とは何年も後に再会することができ、すべてを語り、抱きしめ合うことができました。

一九八三年に遂に民主制が復活したとき、ようやく私たちの解放は嘘ではないのだと感じました。私は新しい人生を始めるため、彼らに用意された仕事を辞めました。私たちは各々、新しい段階に進みました。大量の死者、不在者たちを前にして私たちは生き残ったのだということを理解する、自分の内側でのプロセス（を進める段階）です。何千人もの仲間が彼らに殺されました。私たちはといえば、理由もわからず生き延びている。数百人が生きてエスマを脱しています。

訴訟と人権組織

すでに親愛なるノラ・コルティーニャスがみなさんの前で話したように、「五月広場の母たち」の闘いは、アルゼンチン社会で最も勇気ある闘いです。曇りのない瞳で、頭に白いスカーフを巻き——子どもたちのおむつを表象しています——、警察や騎馬警官に、弾圧にも立ち向かいました。彼女らは、私たちの国で廃棄された他の女性の身体をも象徴しています。独裁政権の軍事力に正面から相対しながら街の中心で実施された彼女らの圧倒的で確固たる闘争は、その後やってくる全ての可能性を条件づけたのです。

生還者として生きていく日々は非常に個人的なもので、それぞれに違いますが、誰の場合も大きな苦痛を伴います。三〇歳に満たない一人の人間にとって、生に戻って来られたことは喜びであるはずなのに、実際のところそれは、社会的、心理的、精神的に自分を建て直す長いプロセスの始まりでした。私たちの命は、地獄から脱しその苦しみを克服することにあったと言ってもいいと思います。

私は他の生還者たちと一緒に複数の人権団体に接触して証言を提供しました。一番の気がかりは、殺されてしまった人たちのリストをいかに再構築するか、被害者が何人いて誰だったのかをいかに知り得るかということでした。

その長いプロセスのなかで、私たちが自分の体験を話したり、軍人を相手に訴訟を起こしたりできるように、多くの活動家が助けてくれました。特にその一人、法社会研究センター（ＣＥＬＳ）の弁護士、カロリーナ・バルスキー博士の名前を挙げたいと思います。ある時、彼女に言われました。「グラシエラ、一緒にアコスタを性的虐待で訴えない？」。私はまず、訴えるというのが何をすることなのかを尋ねました。訴訟の法的手続きを始めることだと彼女が説明すると、私は即答しました。「そうしましょう」。

「真実」を知ることに反対し、裁判の実現を阻止しようとする勢力もかなりありました。しかし人権組織が、社会が負ったいくつもの未だ開いたままの傷に向き合う良心となりました。向かい風や荒波に立ち向かい、正義を求めて動きを起こしました。そうしてとうとう、この大量虐殺の不処罰を許すまいとする決定的な瞬間に至ったのです。裁判によって、私たちは沈黙から脱し、行動に移ることができました。

告訴の過程

二〇〇九年に私たちが着手した性的虐待の訴訟は、まず予審で見通しの明るい裁定を得ました。ホルヘ・エドゥアルド・アコスタを起訴処分としたのです。つまり裁判官は、アコスタを私への性的虐待について刑法的責任のある主体と判断するに十分な要素があると理解したのです。

続く段階の裁判でもこの判決は追認されましたが、罪状は「拷問の強要」に書き替えられました。これはつまり、性犯罪は彼が行なった拷問の一部にすぎないということを意味します。一方、私たちの起訴状は、拷問とは別の独立した罪として性暴力を位置づけています。そして二〇一〇年以降、複数の裁判官による裁定と、被害者女性たちの証言の検証の結果、性暴力を、他の拷問と区別される独立した罪状として規定する先例が現れるようになります。

口頭弁論の始まりとともに真実の扉が開かれ、判決によって正義がなされたのです。

この偉大なる訴訟において、人殺しの軍人たちの手にかかったあまりにも多くの若者の運命が白日の下に晒され、同時に、女性たちが生きた地獄の特殊な輪郭もはっきりと示され始めました。裁判が始まった当初、女性に対する性暴力は起訴状に含まれていませんでした。性暴力が問題として具体的な形を取り始め、独自の闘争に変わったのは、ジェンダーの連帯を通じてでした。性暴力のような経験を話すことができるように私たちを助けてくれた、弁護士、検察官、司法官などの女性たちが、連帯し結集して行動を起こしたのです。

殺人者や強かん者の訴追を国家が認めることがどれほど修復的な効果を持つか、いま一度強調したいと思います。それによって生還者は初めて、自らの体験した全てを公的な場で語ることができました。私たちの声を通じて、生者も死者も、そこにいなくても語っていました。社会は、静寂をもってその声に対する敬意を表し、これほど多くのアルゼンチン人が直面しなければならなかった耐え難い状況を、その細部にわたって聞き取る義務があったのです。

それまで自分の夫や子どもたちにさえ語れなかった被害者たちが、触られ、弄ばれ、強かんされた経験を、そのような尊厳ある環境において、マイクの前で語り得たとき、たくさんの証言者の涙の叫びがあふれ出ました。

被害者という言葉、その場で私たちが使った語は、私たち女性が置かれた状況を限定的に指すものでした。それは軍人たちによる性的虐待を阻止することが不可能だったということを表していたからです。でも、生還者としての今の私たちを指すものではありません。私たちは尊厳をもって人々の前に姿を現すことができたのですから。

「私のせい」からの解放へ

歴史は私たちにいくつもの反省を促します。ある面では、そして私にとっては、ここまで私たちが進んできた一歩一歩を挙げておく価値があると思います。

- 自分が拉致拘禁されていたときの状況を、公に語れるようになったこと
- 自分が被害を受けた犯罪行為に公正な裁きを求めると、私たちを支援してくれた若い世代の弁護士、活動家の女性たちとともに決断したこと
- 国家の手による拉致拘禁や、女性に対してとりわけ戦時下で行なわれる性的虐待についての論争を積極的に引き起こしてきたこと

これは私にとって治癒の行程でした。こうした行動に対して、様々な動機から疑問を投げかける人たちがいるだろうことも承知の上でした。私たちは性暴力を受けただけではないのです。性暴力を引き起こした責任が私たちに押し付けられることも一度ならずあり、疑わしいのは私たちだと言わんばかりの婉曲的な問いが発せられてきたのです。

ですが、本当のところ拘禁施設で何が起きていたのかが明らかにされると、女性に向けられていた疑いは、真実の重みで押し潰されていきました。強かんというこの正当な表現は偶然に用いられたものではありません。それは良心そのものであり、多くを語ることばなのです。その良心こそ、私たちが受けてきた被害を正確に描き出すのです。婉曲な言い回しはもうたくさんです。ことばまで不当に扱うことはもうやめなければなりません。

強かんされた私たち全員、その一人ひとりが持つ良心は、おそらく長い年月をかけて自分たち自身の手で打ち立ててきたものだと思います。強かんが始まりでした。そしてその後を生きることの苦難があり、それに抵抗し正気を保つために作り出したのであろういろいろな弁明があり、そして最後に、何年もかけて、私たちが確かに経験したことについてきちんと向き合う作業があり、そして良心が生まれる。この良心のもとで、婉曲的なことばたちは消え去るのです。

異なる民族の女性たちも、受難において私たちと同じ境

遇にあったことを、私たちは知りませんでした。今日、私たちは良心のもとで姉妹となるのです。

ここでノーベル平和賞を先ごろ受賞したナディア・ムラドさんの名を挙げたいと思います。彼女は自身が受けた残虐な行為について公に語り、女性への性暴力と闘う活動家になりました。彼女の語りに描き出される、拉致された女性たちへの加害者の暴力の方法は、アルゼンチンで私たちが苦しんできたそれと信じがたいほど似てしまっているのです。

私たちにとっての偉大な詩人でフェミニストのひとり、マリア・エレナ・ウォルシュは、歌のなかでこのように言います。「一歩踏み出すたびに勇気を／（…）もうずいぶん使い込んでしまった勇気だけど／痛みはいつも生まれたばかりのよう／（…）戦争がなくても闘いは続くから／支配者たちはいつも私たちを引き離す／でも今私たちにはわかる、それはいつまでも続かない／手をつなごう／そして今進もう」。

グラシエラ・ガルシア・ロメロ
Graciela García Romero

一九七六年一〇月一五日、ブエノスアイレスで拉致され、国内最大規模の秘密拘禁施設、エスマ（海軍工科学校）に連行される。性暴力被害を公開で証言できるようになったのは二〇〇五年で、CELS（法と社会研究センター）の支援を得て裁判の原告となった。軍事政権下に拘禁施設で行われた性暴力が組織的な犯罪だったことを、裁判を通して明らかにしてきた。裁判は今も継続中。

【訳者注】講演原文では、「強かん violación/violar」「性的虐待 abuso sexual」「性暴力 violencia sexual」「性犯罪 delito sexual」の語が使い分けられているが、翻訳にあたって一部、文脈を考慮して abuso sexual を「性暴力」と訳した箇所がある。（ ）内は訳者による補足である。

※本稿は、雑誌『世界』（二〇一九年四月号、岩波書店）に掲載されたものに、若干の修正を加えたものです。

真実と正義のプロセス
——アーカイブズの貢献と記憶をつくる方法

ベロニカ・トラス
Verónica Torras
（訳・石田智恵）

今日ここでこうしてみなさんと一緒にアルゼンチンの「記憶・真実・正義」のプロセスについて話せることを、光栄に思います。ノラとグラシエラの証言を聞いた後にお話をするのは簡単ではありません。またみなさんも、一度にこんなにたくさんのことを聞いてそれを受け入れるという作業も大変だと思います。まずは感謝をお伝えします。私から、そして私の仲間からも、このシンポジウムに場を与えてくれた上智大学のホスピタリティに感謝申し上げます。そして、渡辺美奈さんをはじめｗａｍのスタッフの方々。みなさんはこの会に向けて、途切れることなく心のこもった対応を示され、鋭敏で繊細な感性をもって、私たちをこれほど遠く隔てている文化の間を架橋し、差異があっても共有すべき何かを共に学べるように、二つの文化に何らかのかたちで対話が生まれるようにと、親身に働きかけてくれました。ここに特別に感謝の意を表します。

今から数ヵ月前のこと、私の働いているアルゼンチンの「メモリア・アビエルタ」のもとに渡辺美奈さんからのメールが届きました。そのメールには、ｗａｍとは何か、どんな仕事をしてきたのかが書かれていました。私たちが知らなかった、「慰安婦」と遠回しに呼ばれてきた女性たちの問題についても、そして記憶に対し敵対的な今の日本の状況のなかでその仕事を前に進めていくことの困難についても説明がありました。さらに、「五月広場の母たち」、アルゼンチンにおける「記憶・真実・正義」のプロセスに対する敬意と称賛も示されていました。そして、日本の人たちの心をきっと動かすだろうという確信のもと、私たちの経験について話をしに来てくれないかと依頼されました。こうして、ノラとグラシエラと一緒にやって来たわけです。ここにたどり着くのに時間はかかりましたが、私たちの歴史の一部をみなさんと共有できることを、そしてそれがみなさんにとって、みなさんが生きている状況に対し、そして目の前で取り組まれている課題に対して有益であることを願うばかりです。

国家テロリズムに抗するアーカイブズの重要性と生産性

ノラとグラシエラの二人の証言に加えて、私はみなさんにアーカイブズについてお話ししようと思います。それが私に依頼されたことですが、あまり血の通ったとはいえない、明らかに閉じた性質の素材です——というのも、何かがアーカイブされるのは、それが用途を終えたときであると推定されるので——。それにおそらく、多くの人にとっては少し距離のある題材でもあるでしょう。それでも、アーカイブズの仕事がアルゼンチンの「記憶・真実・正義」のプロセスに果たしてきた重要性と生産性をみなさんにおわかりいただけたらと思い、お話しすることにします。

「メモリア・アビエルタ」外観。秘密拘禁施設だったエスマは、現在記憶の活動拠点となっており、「メモリア・アビエルタ」もその敷地内にある（八一頁参照）。

これから、三点に分けてお話しします。最初に、アルゼンチンにおける人権関連アーカイブズの誕生と私が代表を務める「メモリア・アビエルタ」の発足について。次に、これらのアーカイブズが「記憶・真実・正義」のプロセスのなかで持っている数々のはたらきについてお話しします。そして最後に、アルゼンチンで記憶をつくっていくということについて、とりわけ、国家テロリズムの文脈で行なわれた性犯罪の経験との関連で、少し考えたいと思います。

はじめに、やはりアルゼンチンの歴史に少し触れる必要があります。先に登壇された方々がすでに歴史について多く語られましたが、それも助けになるでしょう。

一九六〇年代半ばから、より根本的には、軍が二〇世紀で六度目の憲政介入により選挙で選ばれた体制を転覆した一九七六年以降、何千という人々が拉致、殺害され、失踪させられ、拷問され、一般の刑務所や秘密拘禁施設に拘禁されました。また何百人もの赤ん坊が、生まれてすぐ母親から奪われ、軍人や警察関係者の家族に差し出され、身元を書き換えられました。こうした弾圧行動が激化していくにつれて、被害を訴え、弾圧の残忍さに抵抗するために、多くの人が、そのほとんどはノラのように被害者の近親者でしたが、集まってグループで行動するようになりました。こうしたグループは少しずつ組織化を進め、同じような状況にある家族たちに法的なサポートや助言を与え、支えるようになりました。同時にそのような動員や訴えの行動は、社会のなかに少しずつある意識を生み出していったのです。

人を強制的に失踪させるというラテンアメリカに特徴的な方法のほかに、アルゼンチンにおける弾圧のシステムの主な特徴として忘れてはならないのは、それがほぼ完全に非公式・秘匿的に実施されたという点です。逮捕とそれに続く強制失踪は、国家責任の否認と併せて、作戦の鍵となる要素でした。それは現在わたしたちが国家テロリズムと呼んでいる、大規模な作戦でした。敵対者や市民活動家を消すために恐怖を計画的に利用し、社会を規律化することによって、国の経済・社会構造を根底から変えることが目指されたのです。

公的な沈黙と否認を前に、大切な家族の捜索と同時に何が起こっているのかを理解する必要に迫られ、人権団体は、訴えや証言を集め、起こっていたことを記録し、国家によるテロル（恐怖）のメカニズムを再構成するという作業を進めました。こうして、非常に貴重な資料を収めた国家テロリズムのアーカイブズが構築されていったのです。

このアーカイブズには以下のような資料が含まれます。被拘禁者・失踪者の家族たちから公的機関に送られた、真相を求める陳情書。各省庁・地方自治体・軍・教会などに対する申請手続き——その多くは成果を得られなかった——の書類。被害届。法務関連文書。組織内部資料。弾圧加害者のリスト。拘禁施設に関する情報。拘禁施設内で目撃された被害者に関する情報など。これらはすべて、アルゼンチン社会に対して行なわれた弾圧に関する、被害者と直接のつながりのある人々の視点を通して得られた、人権諸団体の内部資料を構成しています。

これは大事なことなのですが、このアーカイブズは、危険と隣り合わせの状況のなかで作り上げられたものです。そしてその役割は、国家テロリズムの被害者を探し出すための情報を集めるということに加えて、弾圧行動を訴え出ること、そして、何も起こってなどいないと思い込もうとする社会に警戒を呼びかけることにもありました。

消えた人々を見つけ出す——「メモリア・アビエルタ」の結成

これらアーカイブズが構築されたときに人権団体が持っていた主な目的は、その時点で必要だった情報収集でした。つまり、消えた人々を見つけ出すこと、何が起こっているのか理解すること、テロルのメカニズムを再構成することです。歴史のためのアーカイブズを作ろうとしていたわけではありません。歴史と記憶のためのアーカイブズを構築するという決断は何年もあとに下されました。自分たちが蓄積してきた情報が社会的に持ち得る重要性を、組織の側が自覚したのです。こうして、アルゼンチンにおける複数の人権団体自身のイニシアティブによって、一九九九年、私が現在代表を務めている組織「メモリア・アビエルタ」が生まれました。情報の収集、保存、編成を専門的に行なう組織を立ち上げ、アーカイブズやその他の重要な記録文書を一般の問い合わせに対しても公開することを決断したのです。同時に「メモリア・アビエルタ」には、起こったことを被害者の側から記録し残すことで、国家テロリズムの罪を問うための社会的記憶を構築できるような資料を新たにつくるというミッションも与えられました。今日まで「メモリア・アビエルタ」は、その構成団体である九つの人権団体からそれぞれ二人ずつが参加する形で理事会を運営しています。

ほぼ二〇年に渡る活動のなかで、「メモリア・アビエルタ」は人権団体にとって最も重要なアーカイブズの編成という仕事に貢献してきました。すでに触れたように、文書・口述資料を参照可能な形で新たに構築することにも携わってきました。たとえば、ラテンアメリカでは先駆的なオーラル・アーカイブズを構築しましたが、ここには現時点で約一〇〇〇件に上る証言が集められています。それらは、コノ・スール［訳注：南米南部のこと。主にアルゼンチン、チリ、ウルグアイを指し、ブラジル・パラグアイ（の一部）が含まれることもある］における国家テロリズムの時代である一九六〇年代、七〇年代に関するものや、真実と正義を追求する人権団体によって促進された様々な試みについての口述資料です。これらの証言録はすべて撮影・記録され、目録化されており、「メモリア・アビエルタ」で閲覧可能です。これを介して、声の集合性という道筋からできごとの再

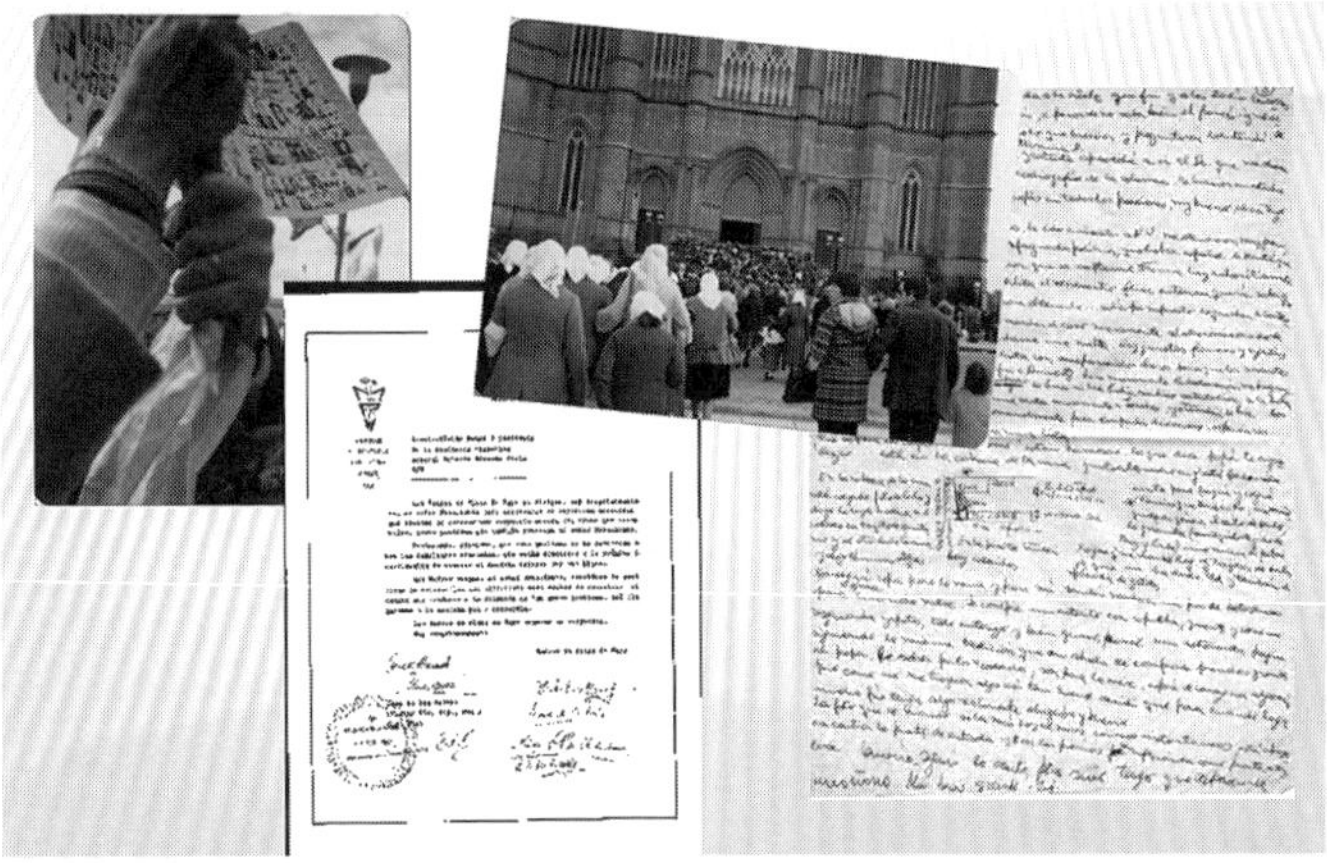

「メモリア・アビエルタ」には、失踪者を探すために人権団体が集めてきた手紙や写真など様々な記録が収集され、保存されている。（写真提供：ベロニカ・トラス）

構築を試みることもできるでしょう。

「メモリア・アビエルタ」に集められたアーカイブズは、私たちの国でいま進められている人道に対する犯罪を問う裁判に証拠として用いるべく、司法当局から要請されることもあります。

私たちの仕事は一方で、人権団体が集めてきたこれら歴史的資料の保存、整理、公開に関わります。もう一方で、アーカイブズには常に拡大し続けるものもあり、団体・個人から新たに提供される資料を追加していく作業があります。そのなかには、アルゼンチン司法の展開そのものを示す資料も含まれます。すべては、これから対象となる人々の範囲がどんどん拡大していくなかで、自身の近過去についての人々の理解がより完全なものになるよう尽力することを意図したものです。

「メモリア・アビエルタ」が扱うアーカイブズは、途方もない公共的価値を持った個人的・組織的な資料群です。しかし、それを保護・保存・公開するための原理も、それを管理運営する責任を負っている私たちのような市民社会組織を支援する（公的な）方策も、ほとんど存在しないのです。

「メモリア・アビエルタ」が組織し描いてきたアルゼンチンの人権団体のアーカイブズ群は、二〇〇七年、アルゼンチン政府の支持を得てユネスコの「世界の記憶」事業に登録されました。これにより、同アーカイブズはいまや世界遺産となったのです。これはｗａｍのアーカイブズが求めている条件と同じです。ただしｗａｍの場合、対象となるアーカイブズが、日本政府が体系的沈黙を選んできたできごとについて語るもので、政府の反対を受けているという違いがありますが。

告発・訴えに貢献するアーカイブズ

さて、最初に提示した論点に戻りたいと思います。人権アーカイブズはアルゼンチンの「記憶・真実・正義」の構築にどのように貢献してきたのでしょうか？

アーカイブズがもたらしたものの内容が多岐に渡ることは確かですが、ここでは私にとって特に重要と思えるものをいくつか指摘しておきます。まず挙げられるのは、国家テロリズムの期間に起こったことについての知識を再構築する可能性をもたらしたことです。というのも、アルゼンチンの弾圧システム一般に、突発的というよりも常態としてみられた特徴こそ、すでに述べたように、弾圧が地下で秘密裡に展開され、その犯罪行為が加害者たちによって体系的に否認されたという点にあるからです。だからこそ人権団体のアーカイブズは、起こったことについての知識を構築する基盤となったのです。

次に、個人・集団を問わず多くの告発・訴えの提出に役立ったことが挙げられます。たとえば、被害者、加害者のリストの作成と発行、司法機関への「人身保護令状」の請求手続きなどです。同アーカイブズに集められた情報は、国際的な人権団体にも提出されました。たとえば米州機構の人権委員会（米州人権委員会）には、軍事政権ただ中の一九七九年にアルゼンチンに視察に来た際に情報を提供しています。さらに、アルゼンチンの真実委員会である全国失踪者調査委員会（ＣＯＮＡＤＥＰ）にも決定的な役割を果たしました。人権団体が事前に集め、整理してあった貴重な資料のおかげで、委員会は短い時間で調査を進めることができたのです。一九八〇年代に着手された一連の訴訟においても、証拠資料として提出され、非常に重要な意味を持ちました。このテーマでの裁判は、免責法と恩赦令によって二〇〇五年までの二〇年間の中断はありましたが、現在も進められています。それだけでなくこのアーカイブズは、被害者への経済的補償政策の展開にとっても、また、象徴的補償、記憶のイニシアティブに関する政策立案にとっても非常に重要なものです。

そして最後ですが、国家テロリズムの罪を問う社会的な語りが確立する過程においても、アーカイブズはその基盤となりました。国家の責任を問う語りは今では広くアルゼンチン社会に受け入れられており、世代や国境を越えて受け継がれています。こうして私たちが招待を受けてここにいることもその証左です。過去四〇年間にこれほど多様な文脈の多様な試みに影響を与えてきたことで、アーカイブズはその歴史的価値を高めているだけでなく、その他の記憶のプロセスと同じように、アーカイブズを構築することも社会的・政治的闘争に含まれるのだということを証明しているのです。

アルゼンチンの場合、国家テロリズムの被害者と生還者が動かしてきた人権諸組織が、自分たちとその家族のため、真実を取り戻し、正義を訴えるために、情報を収集してきました。でもそれだけでなく、かなり早い段階から、起こったことの集合的記憶を構築するためにも闘ってきました。彼らの闘いはある確信に支えられていました。それは、社会が深刻な人権侵害に見舞われているとき、被害を受けているのは社会という織物の全体だということ、したがって真実への権利は、直接の被害者だけでなく人々を支える権利として守られねばならないということです。ノラが今日ここで証明しているように、これらの組織は忘却と沈黙に抗して、記憶の構築のために、ずっと闘い続けています。その事実こそ、彼らが私たちの社会と世界に向けて残されるべき最も衝撃的で、最も持続的な遺産なのです。

性暴力——見えてきた痕跡

さて最後に、記憶をつくっていく方法についていくつか振り返っておきたいと思います。アーカイブズは、過去の痕跡を保持し、残すという考えと密接に結びついています。過去が残すのはまさに痕跡であり、それは物理的なしるしだったり、文書や書類だったり、声だったり登記簿だったり、個人的な記憶だったりします。こうした痕跡は、それに意味を与える作業がなされなければ、それ自体で集合的記憶を構成するわけではありません。記憶は、主体が、そして人々が、生きられた過去の意味を整理する、その方法にかかわっています。その過去の意味の構築は現在において行なわれるものです。それは、現在を生きている私たちの責任です。

受容され解釈される文脈が変われば、もとからあったのに認識されていなかったり、見えなかったりした痕跡が見えるようになることもあります。アルゼンチンの国家テロリズムのなかで、拘禁され失踪者にされた女性たちに対して行なわれた性暴力に関する記憶は、そのような例のひとつです。性暴力に関する証言の最初期のものは、グラシエラが話したように、アルゼンチンの真実委員会や対軍裁判の時期、すなわち一九八〇年代前半に遡ります。にもかかわらず、ジェンダーの暴力を受けた被害者自身も、一緒に拘禁されていた施設の仲間も、また司法機関の職員も、社会そのものも、これらの被害の証言を受け入れられるようになるまでに三〇年以上の時間を必要としました。

一九八〇年代に生還者が提供した証言は、まずもって、弾圧の体系的な計画が存在したことを証明することと、強制失踪という犯罪を確立し、殺され失踪させられた仲間たちの特定に資する情報を提供することに注力していました。非合法の弾圧を証明するという大きな目的は、結果的に、ある意味で個々人の体験を見えにくくしました。証人たちは繰り返しそれに言及していたにもかかわらず、強制失踪・絶滅の体系的計画という大きな次元を前に、個人的体験は明らかに二次的なものにとどまってしまったのです。しかし時間が経ち、そのあいだも生還者が被害の訴えを提示し続け、裁判で証言し続けることで、生還者たちの語りのなかで、個人的体験を再評価するような変化が生まれたのです。こうして、とくに女性ですが、拉致されている間に受けた性的虐待が語られ始め、だんだんその数、頻度も増えてきました。

その一方で、他の条件にも変化がありました。アルゼンチン刑法の用語でいう「性的純潔さに対する犯罪」に関わる刑法規定。この主題を扱った学術や芸術の世界における膨大な数の作品。女性運動の政治的発展。女性の人権に関する国際法上の変更。間違いなく、こうしたすべてのことが、生還者たちの証言――数十年も前から様々な場面で言及されてきた――が別の仕方でも理解される可能性を開き、そしてグラシエラが言ったように、法的訴訟でこれらが独立した犯罪として訴追される可能性を開いたのです。

忘却との闘い――社会的記憶の構築

また、特定の記憶が入念に語られたり普及しやすい文脈がある一方で、抑圧したり否認したり、問題をずらしたりといったメカニズムでそれが阻まれるような文脈もあるということも、はっきり言っておくべきだと思います。私たちは一般的に、記憶は過去を想起する行為だと理解しています。でも過去を忘れたり過去について沈黙したりするときにも記憶はなされています。忘却とは不在や空白ではなく、むしろ不在の現前です。かつてはあったが、否定されたり歪曲されたり消去されて今はもうないもの、忘却はそれを表象します。その意味で、忘却は記憶において中心的な位置を占めています。忘却は、過去の痕跡を不在にし、それについて話すことを認めず、現在を生きている私たちに何ごとかを言うことを認めまいとする、現在のあり方なのです。

アルゼンチンの歴史が教えること、教えられるかもしれないと思うことについて、ここにいるみなさんと、第二次世界大戦中に日本帝国の軍によって行われた性暴力の被害女性たちの記憶の構築のために闘っているみなさんと、いくつか振り返って共有したいと思います。

まず、記憶の強さやその認識は、確固たるデータでも不変のものでもありません。異なる文脈で、あるいは他のものをいくつも媒介して、ときに発展したり、強化されたり弱まったりするものです。つまり、記憶の構築のプロセスは常に開かれたものだということです。ある記憶を公共的な空間に改めて位置づけ直すことを可能にするような好機が訪れるときのために、注意しておくことが重要です。

要するに、社会的記憶の構築は長く終わりのない道です。

「メモリア・アビエルタ」はアーカイブズだが、建物の中には歴史的な写真や記録などの展示コーナーがある。

その道のりには様々な強度でポジティブなこともネガティブなこともあり得るし、社会の記憶と国家の記憶と被害者の記憶が一致するときもあるでしょう。反対に様々な記憶が対立し、集合的良心に、はたまた公共の場面に占める位置をめぐって論争が起こることもあるでしょう。いずれの場合も、被害者の賭けは常に、彼ら自身の真実の認識の賭けであり、真実の認識をめぐる闘争であるべきです。立ち止まってはいけません。

記憶が強ければ強いほど――社会的、公共的、制度的な意味での強さですが――その記憶によって示される過去が探求され、歴史化され、現在の残虐行為との関係において捉えられる余地も大きくなります。集合的な場に記憶がひとつの位置を占めるには、語ることのできる人間が、そしてそれを聞く人間が必要です。話すことそれ自体は――おそらく個人的で、最初は私的なことですらありますが――集合的記憶の構築にとっては最初の一歩に過ぎないのです。

政治的、社会的なアクターは往々にして、過去についてのある語りを公共の場面で提示する意思を持ち、過去についての自身の見解を押し付けて主要なものにするために闘います。だから、記憶がひとつであることは決してありません。常に複数の記憶があり、それらの対話や対立があるのです。

極限状態における国家の暴力と弾圧の過去に向き合ったとき、国家の語りは、その過去の清算として、あるいは清算するという意図をもって、沈黙と否認によって自らを擁護するほうを選ぶかもしれません。ラテンアメリカではこの種の公的言説がたくさん知られていますし、あなたがたの周りでもそうでしょう。ですが、そのような試みは常に、被害者や、未来の苦しみを取り除くことと被害者の問題を自らの責務として負う社会的アクターたちによって、抵抗され疑問を投げかけられてきました。なぜなら、葬り去られた過去は再び繰り返される運命にあると、私たちは経験によって知っているからです。反対に、みなさんにとって未解決の問題について言うなら、トラウマ的経験は消えないし消すことはできません。それは、公共的な記憶に反映され、埋め合わせのための政策が講じられるのを待ちながら、生き続け、現前し続け、世代を超えていくのです。私たちはそのことを知っています。

最後にひとつ加えたいと思います。これは原稿には書いていないことなのですが、みなさんへの応援のつもりで言います。これからやるべきことがたくさんあると思います。でも、みなさんはすでに記憶の作業に着手しているということを認識するのも大切です。恐怖とスティグマ化に打ち克った女性たちの証言をみなさんは手にしています。価値あるアーカイブズを持っています。被害者の証言と齟齬のない加害者の告白もあります。何が起きたのか、日本の内外のどこで起こったのか、そして誰に責任があるのかについて、あなた方自身の手で再構成されたものがあります。つまり、重要な記憶の貯蔵庫をあなたがたは持っています。それは、真実と正義の追及のために、多くの女性たちが被った被害と、苦痛に対し国家が負っている責任についての集合的良心を構築するために、稼働されるべきものなのです。ありがとうございました。

ベロニカ・トラス
Verónica Torras

「メモリア・アビエルタ」代表。人権ＮＧＯでも活動し、加害者訴追などにも大きな役割を果たしたＣＥＬＳ（法と社会研究センター）の広報部長等を歴任。政府の Memoria en Movimiento（運動する記憶）のディレクター（二〇一一～一五年）など公的機関での記憶のプログラムにも関わる。人権やスピーチ分析の分野で学位を持ち、多くのメディアにアルゼンチンの「記憶・真実・正義」に関する論文を発表している。

質疑応答

Preguntas y respuestas

中絶合法化を求める緑のスカーフ

質問　みなさんが手首に巻いている緑の布は何ですか？

ベロニカ　これも言ってみれば「五月広場の母たち」のスカーフと同じようなものなのですが、このスカーフは最近のアルゼンチンの女性

緑のスカーフの意味を説明するベロニカさん。中絶の権利を求める全国規模のフェミニズム運動で使われている。

運動で使われているシンボルです。今年アルゼンチンでは中絶を合法化する法案が国会で審議され、女性運動は合法・安全・無償の中絶の権利を求める全国規模のキャンペーンを展開しました。そのなかでかつてのフェミニズム運動で使われた古いスローガンが使われているのですが、それがこのスカーフに書いてあります。「決断するために性教育を、中絶を避けるために避妊具を、死を避けるために合法的中絶を」。これがかつて用いられたスローガンで、いま女性たちが主に手首に巻いたり、カバンにつけたり普通のスカーフのように首に巻いたりして使っているものに書かれています。もしみなさんが近いうちにアルゼンチンに行くことがあれば、素晴らしいことに、多くの女性がこのスカーフを身に着けて通りを歩いているのを見かけると思います。そうやって私たちも街でこのスローガンをお互いに確認し合い、同じように考える人がどんどん増えていることを知ることにもなります。

　ところで、事実を最後までお伝えすると、結

局この法案は、審議の結果下院で可決されました。私たちの国では二院制を採用しているのですが、下院で可決され、その後上院では否決されました。つまり法案は通過しなかったわけなので、闘いは続きます。

「日系社会失踪者家族会」からの提案で、講演会場のホワイトボード正面に二人の女性日系失踪者の写真を掲示した。

日系失踪者の存在

質問　ホワイトボードに掲げてある写真について、この人たちは誰なのか、なぜ掲げているのかについて教えてください。

ノラ　彼ら日系失踪者について、今日、チエ（石田智恵）が思いついてこの写真を渡して私に言ったのです(1)。これを掲示して、アルゼンチンには一七人の日本に出自をもつ失踪者がいることを伝えましょう、そうして覚えていてもらいましょう、と。最近、映画もこっちで上映されたんですよね？　ドキュメンタリー作品があるんです。かつて日本からアルゼンチンに渡った家庭の出身で、他の若者と同じような活動に従事し、拉致され失踪者となった人たちを扱ったものです。彼らについてここで共有し、アルゼンチンには日本にルーツのある失踪者もいることを日本の人々が知ることは良いことです。その記憶も重要だと思います。

今日ベロニカが話していたように、アーカイブズも重要です。私たちが今日ここにやってきたのは、こうしたたくさんの苦しみをみなさんと分かち合うためでもあります。何人だったかすらわからない、性奴隷にされた多くの女性がいたことを日本政府は否認しました。アルゼンチンにもこの否認主義はあります。現マクリ政権がまさにそれです。「記憶・真実・正義」の政策が国家によって進められた時期の後に成立した現政権は、国家テロリズムの時期に起こった事実を否定したことがあります。このことを私たちは嘆いています。否認と沈黙は、みんなが幸福で、国が前に向かって進み、人々は食べることに困らず、誰もが学校に通えて、健康に気をつけることができるはずの民主国家に奉仕するものではないからです。私たちはそのためにいます。だからこそ私はさっき講演のなかで対外債務に言及しました。なぜならそれが、弾圧に、国家テロリズムそのものに大きく関わっているからです。米国がその国家テロリズムを、軍・民・教会による独裁体制を立案しました。こ

ドキュメンタリー映画『沈黙は破られた―16人のニッケイ』（パブロ・モジャーノ監督／カリーナ・グラシアーノ原案／七〇分／二〇一五年／アルゼンチン）は、強制失踪した日系人とその家族を描く。被害者には沖縄ルーツの人も多かった。

のような表現をするのは、アルゼンチンのカトリック教会が、秘密拘禁施設や拷問、赤ん坊の略取に関与していたからです。関わっていたのです。私はカトリックです。ですが、今は教会から離れたいと思っています。ここで打ち明けます。棄教します。もうたくさんです。教会が国家テロリズムに関与したことを認められるくらい誠実にならないなら、もうけっこうです。そういうわけで、こうして日本に来たということで、三万人の強制失踪者にするように、アルゼンチンの日系失踪者に敬意を表しているのです。

　ここでもう一つ付け加えさせてください。グラシエラの証言に感謝を表します。彼女の勇気と倫理のおかげで、そしてあの恐怖の監禁状態を経験したその他の元強制失踪者たちのおかげで、同じ倫理を共有するアルゼンチンの多くの弁護士、検事、何人かの裁判官のサポートを得た彼らの証言のおかげで、裁判は可能だという実例を提示することができるのです。私は彼らにとても感謝しています。その勇気、秘密拘禁施設の地獄に埋められたままの人たちとの連帯は、計り知れない価値を持っています。だからこそ私たちは闘いを続けます。こうして寄り添っていけるからです。次の質問にいきましょうか、夜までこうして話しているわけにいきませんからね。

被害者を支えた連帯の輪

質問　拘禁されている時に、グラシエラさんは自分をどのように励ましていたのでしょうか。また、一番大変な時に、ノラさんを支えていたものはなんですか。

グラシエラ　いろいろな要素がありますが、中心的だったのは、連帯の輪が

多くの場に現れたことです。この場もそうでしょう？　全般的に言って、いま振り返ると、私たちはボロボロにされたのだということは認めざるを得ません。つまり、誰も決してヒーローではありません。けれどもみんなヒーロー的なことを何かしらしてきました。たとえば私はいつもある友人のことを話します。あの頃、拉致の現場にその被害者の子どもがいることはよくありました。それで私は、ある人の子どもを二度預かることになりました。二、三ヵ月の間を空けて、最初は母親が、次に父親が連行されたのです。子どもはまだ小さくて、ストライプ柄のシャツを着ていたのが忘れられません。残された子どもを私はなんとか楽しませようとしました。私がいつも英雄的行為の例として引き合いに出すその友人、彼女のところにも一人の赤ん坊が届けられました。彼女はそれが誰の子か、わかっていました。その子は翌日、身元不明の子として孤児院に預けられることになっていたのですが、勇気ある彼女はその子のオムツの内側にその子の名前をこっそり書いて預けたのです。[2] そのおかげでその時の赤ん坊は、今はりっぱな女性に育っていますが、自分が誰であるかを知ることができたのです。この種の振る舞いが誰にでもできたかというと、そんなことはありません。私たちは常に英雄だったかというと、そんなことはありません。ですがこうした行動や他者との連帯のおかげで、私たちはあの（施設の）中でもなんとか自分を保つことができたのだと思います。

　出た後は、友人たちの中に、家族の中に戻ることができました。みんなずいぶん我慢強く付き合ってくれました。私は最近まで明かりをつけたまま寝ていたんです。寝ているあいだに弾圧者たちが家にやってくるという想像が、私たちに付きまとっていたからです。実際にはそんなことは起こりませんでしたが、軍人のグループに不意に襲われるイメージは私たちみんなの頭の中に残っていました。

　この機会に、ノラに応答したいと思います。彼女がさっき言ったことについて。私たちは囚われていたとき、外側に彼女たちがいたことを知りませんでした。何が言いたいのかというと、これは特に言っておくべきことだと私は思うのですが、「五月広場の母たち」というのは、その勇気、決断、誠実さから、革新派ではない人たちからも尊敬されているアルゼンチンでは数少ない組織なのです。ノラはいまＩＭＦについて話しましたが、実際「母たち」はあらゆるタイプの社会的闘争にも何らかの形で関わっていて、若い世代はそうした闘いを支える一つの方法として、性質の異なる闘争でも、「母たち」にコンタクトをとります。これはつまり、彼女らは共和国の母になったということ。それも、国内で最も先に進んでいる問題に寄り添うことで、とても革新的なかたちでこの国全体の「母」になったのです、ノラや他の母たちは。そのことは、私たちにとっても助けになっています。

ノラ　ありがとう。

アイデンティティを取り戻す子どもたち

質問　拘禁中に出産して軍人に奪われた子どもたちのその後はどうなっているのでしょうか。

ノラ　それは、「五月広場の祖母たち」に関係があります。祖母たちは、最初は母として息子・娘を探しに出ましたが、同時に彼女らの娘あるいは義理の娘は妊娠していました。そこで後に彼女らは、拘禁状態で生まれた赤ん坊を探しに出ることになったのです。繰り返しになりますが、ナチスの方法が赤ん坊の略取にかかわっています。ナチスも同じことをしました。おそらくアルゼンチンの軍人は真似たのです。命を得たばかりの人間からアイデンティティ（同一性）を奪い、生まれてすぐに拉致し、名前を奪い、その代わりに加害者たちが別の名前をつけるなんて、これほど残忍なことがあるでしょうか。これに立ち向かってきたのが「祖母たち」です。賞賛すべき仕事を今日まで、少しずつ、現在も続けています。簡単なことではありません。奪われた子たちは今ではもう四〇歳、五〇歳になり、知らないはずの家族のところに囚われたままかなりの年数を過ごしているのです。想像してみてください、真実がわかったときのそのショックは大きなものです。

でもアイデンティティを取り戻す（身元を回復する）ことができれば、いちどは否定された本当の家族を受け入れられます。彼らはまさに子どもたちで、本当の身元（同一性）を取り戻すことで心も回復できるのです。これも「五月広場の祖母たち」の仕事です。何年も何年も根気強く探し続けてきたことの成果でもあります。さらに現在は、若者のほうが祖母を探しているのです。以前は祖母たちが孫を探すほうでしたが、今では、自分は養子として育てられたという若者たちが、国家テロリズムの時代に略取されたのかもしれないとして、パソコンで検索を始め、本当の家族に会える方法を探すようになっています。みなさんこの問題に気持ちを寄せてくれてありがとうございます。

ベロニカ　祖母たちは、約五〇〇人の赤ちゃんが母親や父親と一緒に拉致されたか、拘禁施設内で生まれて、軍人や警察、その知人の家庭に差し出されたと推測されています。そしてこれまでに祖母たちは一三二人の孫を回復しました。独裁政権の末期から今日までに回復された孫は一三二人に上ります。そして他の孫たちも探し続けています。

若い世代との連帯

質問　このような国家テロリズムは、アルゼンチンの学校でどのように扱われているのでしょうか。学校に限らず、若い世代への記憶の継承全般について教えてください。

グラシエラ　教育については正直なところよくわかりません。でも私は確信しています。人々の闘いや願いは周りに伝えていくことができます。地下水脈、と私は呼んでいるのですが、そこを通って、あらゆる未解決の問題は伝わっていきます。工夫や努力も。さっきベロニカが話したように、路上で緑色のハンカチをつけて歩く女性を見るのは今ではごく普通のことで、特に若い女性、あるいは一二、三歳、一四歳の少女たちですら見られ、さらにそのような振る舞いに同年代の男性・少年たちも寄り添っている。それが何を意味するかというと、そのような手作りのモノを通して、ノラがどこかで言っていたように、白いスカーフから緑のスカーフへと、女性の擁護、革新的立場の擁護がつながれてきたということです。ベロニカも言っていましたが、今の若い世代の人で、四〇年も前の人々が経験したことと連帯しないという人はなかなか見当たらないと私も思います。それはつまり、これは言うべきだと思いますが、私たちが裁判で証言しに行くとき、普通はそれほど多くの人は傍聴に来ませんが、どこからかそういうエネルギーが私たちに届きます。というのも、疑いの余地のない問題だからです。あそこで（拘禁施設の中で）起こったことに誰も疑念を挟むことはできません。だからこそみんな、こんなことは二度と起こるべきではない、繰り返してはいけない、と考えるのです。

ノラ　私たちが経験した悲しい過去は、実際にはそれほど過去でもないですが、今も続いているので、それを否認しようとする今の政治下では、私たちの強制失踪者に何が起こったのかわかりません。大変ですが、訴訟を前進させなければなりません。というのも現政府が訴訟のための予算、裁判を起こす予算を削減しているからです。判事・検事・弁護士が出席し、しばしば遠くからでも証人を喚問する必要のある公判を開くには、高額の予算が必要です。現政権のひどい経済政策(3)のもとではより費用がかかります。ですがこの体制を維持しなければなりません。なぜなら私たちは、裁判を前に進めるために必要なものは何であれ守ると約束したからです。ここまでくるのは大変でした。何年もそのために身を賭してきました。二度と失いません。免責の国には絶対にしたくないのです。かつての国家テロリズムの状態から抜け出すのは本当に大変でした。犯された罪は人道に対する犯罪です。人類に対する攻撃です。許し得るものではありません。忘れていいものでもありません。アルゼンチンでは二度と私たちを和解の方に向かわせることはできないでしょう。そのような犯罪は真実と正義が必要だから。全き真実、全き正義です。そして正義とは虐殺を犯した者たち、拷問を行なった者たち、赤ん坊を奪った者たちが刑務所に入ることです。断固として。ここではっきりと言います。どんなに大変でも、維持し続けます。アルゼンチンでは、どんな殺人犯、どんなジェノサイド犯も、罪を問われることなく私たちと同じ路上を自由に歩いてはいけないのです。

記憶を継承する公教育

ベロニカ　教育という点について少しお答えしましょう。アルゼンチンの公教育については、特に二〇〇三年以降、教育省で重要な動きがありました。国家テロリズムに関する記憶の問題に特化したプログラムが策定されたのです。このテーマを扱うことが公教育のカリキュラムに義務化されました。その一環として、公立学校では三月二四日、一九七六年の軍事クーデターを想起する日に特別な行事を行なうことが義務づけられ、その時に何が起こったのかについて触れなければならないと定められました。公立学校のカリキュラムに組み込まれたことに加えて、それを使って、実際の教育の現場で、この問題を扱うために教師たちが作り上げてきた成果としての手引き書や教材がたくさんあります。でもそれだけでなく、これは多くの場合、もうずっと前から人権運動に寄り添ってきた教育者たち、大学の指導者たちの固い決意によって裏付けられているのです。

その反対もまた然りで、人権運動も教師たちの闘いに寄り添ってきました。つまり、こうして伝えられていくことで、多くの場合、教師たち自身が、職業上の義務ということを越えて、それぞれ個人的な意味でもミリタンシア（闘争）に関わっていくことになるのです。指導要綱に定められた三月二四日にとどまらず、教室でこの問題が取り上げられ展開されていきます。

その結果、非常にたくさんの記憶のイニシアティブが生まれています。チエがさっき紹介していたものもその成果で、それは記憶を介した、公教育とは別の教育のあり方です。歩道の敷石もありましたし、回復された旧秘密拘禁施設、今は記憶の空間となっていますが、そこは一般人が訪れることもでき、多くの学校から生徒が見学に訪れます。いまブエノスアイレス市では、記憶の空間への訪問を学校に義務づける法案が審議されています。つまり、生徒たちが教師と一緒に行くということです。こうして、確かに現政権は積極的にこうした政策を支援してはいませんが、というよりむしろその反対ですが、このような取り組みはどんな形にせよ、下から支えられ続けているのです。支えなければならないと強く決意している人がたくさんいるからです。

文部科学省前で朝鮮学校授業料無償化を訴えるベロニカ・トラスさん。右はノラ・コルティーニャスさん。左は通訳をつとめたホアン・アイダル神父。（二〇一八年一〇月一二日）

　そして反対にそれを阻止したがる人たちもいます。ちょうど昨日、ノラと一緒に文部科学省の前で行なわれた、在日朝鮮人の生徒、教師、親たちのデモに参加しました。それは政府が彼らの学校へ補助金を出さないという決定をもって差別を行なっていることへの抗議の集会でした。まさにそれは、彼らの記憶、彼らの歴史を学校で使う教材を通して守るための政策を支援する補助金です。ここにまだ余白があるということです。こういう場所を自分たちのものにしていかねばなりません。昨日の例もそうですが、記憶を維持するのはたいへんな苦労を強いられるのです。

アーカイブズへの国家の関与

質問　人権侵害のアーカイブズの保管について、国家はどのように関与しているのでしょうか。

ベロニカ　まずアーカイブズについては、簡単な区別をすることが大事かもしれません。私たちは複数の人権関連のアーカイブズ資料を扱います。まず、今日私がお話しした、人権団体そのものが集めてきた資料があります。次に、公文書の類があります。これは行政上の手続き書類から軍や警察の書類まで様々で、アルゼンチンの「記憶・真実・正義」のプロセスにとても重要な役割を果たしてきました。これについてもう少し詳しくお話しします。

　国家政策は時代ごとに変わってきました。アーカイブズに関していえば最も大きな進展は二〇〇三年以降にもたらされました。二〇〇三年に成立したキルチネル政権とその次のクリスティーナ政権は、このテーマに関して特別に取り扱ったのです。公文書の機密解除も政策として行なわれました。その結果、軍の手にあった多くの公開されるべき資料が調査できる状態になり、それだけでなく、再開された裁判の資料に含むことができるようになりました。要するに、機密解除の主要な目的は司法プロセスにこれら資料を適用できるようにすることでした。これに加えて、様々な省庁に派遣される調査チームも組織されました。この調査チームは国防省、安全保障省[4]、外務省などに保管されている資料を裁判のために調査・整理します。また、同政権は国立記憶アーカイブズを設立しました。これは公的なアーカイブズで、その役割は発見された資料を集約し、整理し、アクセス可能にし、さらにそれを裁判で使えるようにすることです。同じようなことが、実はアルゼンチンの地方のいろんなところで実施されました。州が保管する文書、例えば地方駐屯の軍や州警察の資料のなかにも、裁判にとってとても大事な資料がありました。少なくとも二〇〇三年から二〇一五年までは、国家はアーカイブズに関してはとても積極的な動きを起こしました。

　次に、人権団体のアーカイブズは、当該の人権団体の活動によるもので、「メモリア・アビエルタ」も個々の人権団体のほとんども、公的補助は受けてきませんでした。国家からの財政支援はなかったんです。「メモリア・アビエルタ」は常に自らの活動や他の団体との国際共同プロジェクトのための資金を探してきましたが、アルゼンチン国家の支援は、現在の事務所のある旧エスマを使えたこと以外は、ありませんでした。エスマの土地は国が回復したものです。そういうわけで、人権団体のアーカイブズは個々の人権団体自身が責任を負い、費用を負担し、資金を探してつくってきたものです。ちなみに、さっきお話した国家のアーカイブズについて今、起こっていることは、たとえば各省庁で活動してきた調査チームは解散され、現在は動いていません。国立記憶アーカイブズは運営されていますが、裁判のための重要な人権関連の資料を持っていた省庁から送られる情報の動きはずいぶんと鈍くなっています。

ユネスコ「世界の記憶」への申請についての質問もありましたね。アルゼンチンの申請にあたっては、政府からの支援がありました。実際、申請は政府と一緒にやりました。政府は、アルゼンチンの真実委員会であるCONADEPのアーカイブズを提出し、人権団体は自分たちが保管しているアーカイブズを提出しました。国家と市民社会との共同申請だったんです。

オバマの約束

質問　二〇一五年にオバマ大統領がアルゼンチン政府にアメリカ側の情報を公開すると約束したと思いますが、その後、この件はどうなったでしょうか。

ベロニカ　はい、米国の諜報活動の情報の整理は始まっていますが、この作業はとても緩慢です。アルゼンチンはいくつかの国との間で、アルゼンチンの国家テロリズムに関係する情報の機密解除の約束をとりつけたのですが、一般に第三国の情報の分類は、なかなか進まないのが普通です。その国の持つどの情報を機密解除するかの決定を下すのはアルゼンチンではなく、アルゼンチンの人権団体でもありません。第三国の情報の機密解除プロセスに人権団体も参加できるように、機密解除すべき情報かどうかに人権団体も意見を出せるように、アルゼンチン政府が促進して何年も進めてきた議論の場もあったのですが……。アルゼンチンの人権団体はその計画を立てていましたが、第三国の多くはこの計画を受け入れず、彼らの判断で情報の機密解除を行ないました。そのなかには有益なものもありました。たとえば少し前の米国の情報の機密解除のプロセスは、コンドル作戦[5]に関する訴訟においてとても有益なものでした。その訴訟を進展させるために有用な情報が、機密解除されたもののなかにたくさんあったのです。ですが、一般にこうした作業は非常にゆっくりとしか進みません。とはいえ機密解除が実現していることは事実です。

「免責法」「恩赦」に対する闘い

質問　「エスクラッチェ」は、法で裁けない時代だったからなされていたということですが、それはどういう背景でしょうか。

石田　一九八六年と八七年にそれぞれ一つずつ法律が制定されて、その法律は八五年に始まった裁判を制限する法律でした。一つは提訴する期間を決めてしまう法律、もう一つは、軍の高官の命令を、部下は聞かなければならなかった、だから下位の将校たちには責任がないと免除する法律です。この二つの法律によって、実際に時期が過ぎてしまうと訴追できないことになってしまいました。また一九八五年に実際にあった裁判で、トップだった五人に有罪判決が下されているんですが、その人たちに対しても、八九年に政令で特赦が与えられて放免されていました。この二つの法律がある限り、新たに裁判ができないという状況があった、ということです。

ベロニカ　質問をうまく理解できているかわかりませんが、アルゼンチンの最高裁は二〇〇五年に、恩赦[6]を違憲と裁定しました。それが、訴訟の再開を可能にしたのです。実際に違憲だと宣言したんです。しかも米州人権条約と、アルゼンチンが批准していた国際協定に反していると。それが理論的根拠となって、訴訟が再開されました。

メキシコの強制失踪者

質問　メキシコでの強制失踪は公的な数字だけでも三万七〇〇〇人と言われています。先月、関係者を招いて講演をしてもらいましたが、国際的支援、圧力の必要性を訴えていました。被害者の家族としてどのような方策があるか、ノラさんに伺いたいです。

ノラ　メキシコは正義の追求という点ではとても遅れていると思います。メキシコには、国家テロリズムの時代の強制失踪者がいるだけでなく、この人権侵害が今も続いているのです。常に新たな罪が重ねられています。そしてメキシコの人々自身が、国際機関に介入させるよう決定しなければなりません。メキシコではフェミサイド（女性殺し）や殺人が毎日のように生じていて、恐ろしい状態です。女性だけではなく、毎日迫害が起こっています。四三人の学生の事件[7]も、未だに裁きがなされていません。訴訟を起こすかどうか、それを訴えるかどうかはその国ごとの問題で、その国の人々から発信されるべきだと思います。もちろん、要求を支援することはできますが、国によって、正義の網の目のなかで進む道を探す方法は様々だと思います。

「和解しない、赦さない」は「復讐」を意味しない

質問　「五月広場の母たち」やノラさんの言葉にも「和解しない、赦さない」という言葉が出てきました。この言葉を聞くと憎しみと結びついてしまいますが、ノラさんを実際にお見かけして、なんと優しさに満ちたオーラなんだろうと思いました。なので、私が「五月

広場の母たち」のモットーについて、誤った理解をしているのかもしれません。込められているメッセージの意味を改めて教えてください。

ノラ　「母たち」は復讐という考えを持ったことは一度もありません。まったく考えていません。確かになされた犯罪は恐ろしいものですし、失踪は今も続いています。失踪者はずっと失踪者のままです。復讐を考えたことはありません。復讐は何の役にも立ちません。私たちは真実と正義を訴え続けます。

　なぜ一部のアーカイブズが公開されないのかというと、そのアーカイブズのなかのリストには、現在注目されている政治家、重要なポストに就こうとしている政治家の名前がたくさんあるからだと私は思います。処罰を免れている政治家はまだたくさんいます。そういう人たちの名前が資料に載っていて、これまでのどの政府にとっても軍にとってもそれを公開するのは不都合だったのです。政策も党も変わっていくなかで、過去がベールに隠されたままの人物は常にいます。そして、そのような人の過去を白日の下に晒そうとする政府はないのです。

　私たちは闘いを続けます。復讐をどのような形であれ望まないということを意識しながら。これは私たちの精神です。全き正義、全き真実を望みます。和解は存在しません。絶対に、アルゼンチンに「移行期の正義」[8]がなされることを許しません。私たちが求めているのは裁判と刑務所というかたちでの正義です。私たちはそのことを四二年近く、路上で訴えてきました。自分自身の手で正義を果たそうとした家族はいません。そしてこれからも同じように闘い続けます。特にラテンアメリカの仲間たちと一緒に。アルゼンチンで可能になったように、他のラテンアメリカでも裁判のための普遍的正義が達成されることを望んでいます。アルゼンチンで裁判ができなかったとき、スペイン、イタリア、スイス、スウェーデンなどの国々がアルゼンチンのジェノサイドを訴える裁判を行ないました。同じようにこれからも続けます。

　人殺しどもの目に指を突っ込んでやりたいという気持ちもあります。私はマザーテレサではありません。怒りはあります。でもそれは、ジェノサイド犯を路上で捕まえてビンタを何発もくらわせてやるんだ（笑）、という意味ではありません。私たちが欲しいのは正義・公正なのです、本当に。

国家テロリズムに関与した教会の一部

質問　国家テロリズムの中のカトリッ

ク教会の責任や役割はどのようなものだったしょうか。また、連行された活動家の中にカトリックの修道女も多く含まれていましたが、カトリック教会では彼女たちの名誉回復はなされたのでしょうか。

ノラ　私がお答えしましょう。笑顔や冗談を飛ばして和やかにしようとしていますが、内側の痛みがあまりに大きいので、私たち「母」はそういう強さ[9]（virtud）を持ちました。ヨーロッパからアルゼンチンにやって来たたくさんの人たちに私たちはそう言われてきました。彼らは五月広場に行ってそこで母たちの姿を見て、母たちの笑顔や気配りに「母」という語を見出すのです。憎悪はどこにも見当たらない。反対に、お互いに仲良くいること、闘い続けること、それが私たちを強くしました。アルゼンチンの人々やアルゼンチンにやってきた人々と、私たちが闘いに変えてきた痛みを分かち合えること。大変な道のりでもありました。子どもを探していた母たちも拉致されましたから。……カトリック教会について話そうとしたんですが。ええと、私はカトリックですが、棄教したいと思っていますがまだできていません（笑）。

アイダル神父　彼女を手放しはしませんよ。

ノラ　神父の友人たちは棄教させてくれないんです（笑）。さて、教会は別の時代にも異端審問などの恐ろしい歴史を持っています。国家テロリズムの時代には、アルゼンチンのカトリック教会の一部、とくにトップの重要人物、高位の司祭たちが、国家テロリズムに関わっていました。共犯とは言えないとしても、関与はしていました。秘密拘禁施設に入っていって、失踪者の、拷問を受けている人たちの背中に手を当てて、「話しなさい、でないともっと拷問されますよ」と言っていたのです。

一方で、私がさっきから「一部」と言っているのは、貧しい人たちに寄り添う教会が常にあったからです。教会の一部はアルゼンチンの経済が生み出した貧困に寄り添いました。国家テロリズムの時期に、私たちが接していた現場の司祭たちは「祈りなさい。祈れば息子さんは姿を現すでしょう」なんて言いませんでした。司祭たちは私たちと一緒に路上に出て闘いました。ある司教は独裁政府に殺されました。恐ろしいことです。失踪させられた司祭も何人もいます。その意味では彼らは私たちに関与していたのです。そうでしょう？　私たちと一緒に歩いてきた司教もいるんです。

でも私たちの訪問に対し、鼻先で門を閉ざした司教もいました。そういう人たちには「なぜお子さんのことを

ちゃんと見ていなかったのですか。出ていってください。帰ってください。いらっしゃっても迷惑です」と言われました。そういう人たちが秘密拘禁施設に出入りしていたことも知られています。さらに、秘密拘禁施設から被害者を飛行機に載せて「死の飛行」に連れていくときに、将校たちに神の祝福を与えているところを目撃された司祭もいます。瀕死の人を生きたまま、上空から河口や海に放り出した軍人たちは戻ってきますね。しかし「死の飛行」を生き延びた人がいました。アドルフォ・ペレス・エスキベル[10]です。彼のことを知っていた世界中の人々が嘆願して海に放り出される手前に解放されたのです。「死の飛行」はそれだけでも恐ろしいことですが、教会は、聖職者たちは、飛行場まで行って、被害者を海に落としに行く将校たちに神の加護を祈っていたのです。

　赤ん坊の領有（私物化）に関しては、拘禁されている妊娠中の女性が出産の時になると、その担当をする医師を介して、軍人が生まれたばかりの赤ちゃんを受け取り、カトリックの修道女にその子を渡して、彼女が軍人や企業関係者や警察にその赤ん坊を渡していたのです。彼らに渡すために赤ん坊を預かったその瞬間に、その子の本当の身元は奪われていました。それをカトリック教会がやったのです。

　国家テロリズムの時代については、そういうわけで、かつて「第三世界派」と呼ばれた私たちの側の聖職者たちの名誉を救いたいと思います。彼らは進歩的で、民衆とともにあったのです。私の息子、グスターボもそこで活動を始めました。「ビジャ31」[11]（31番地区）、カルロス・ムヒーカのところです。教会にはそういう面もあったんです。

　他方、まだ「太鼓腹派」の司教もいます。「太鼓腹派」というのは私が勝手に言っているので翻訳しますと、肥え太って腹の出た司教たちのことで、そういう人たちは日曜日になるとお金持ちの家に自分を招待させて（笑）、ラビオリやタジャリン[12]を食べるのです。その人たちこそ、貧しい女性の命を救うための中絶合法化法案を通過させないように、否決に投票するよう圧力をかけた人たちでもあります。そのような司祭や司教たちは裕福な人々のみに寄り添うことに専念していて、貧しい女性が中絶せざるを得ないことなどどうでもよいと思っている。でもおふざけで、あるいは楽しんで、興味のないことで中絶をする女性などどこの世のどこにもいません。そんなのは嘘です。中絶したいから中絶するなんていう女性はいないのです。必要に迫られているのです。中絶する必要に迫られた女性は、しばしば子どもを孤児院に置いていくことになります。というのは、そのような女性が中絶しようとするのはすでに二人、三人と子どもを抱えていてそれ以上子どもを育てる余裕がないような場合だからです。それを教会は理解しません。繰り返しますが、教会の一部です。そんな女性をどうして批判できるでしょうか。なぜ「だめだ」なんて言えるでしょう。司祭も司教も中絶に反対して「命を守る」と言いますが、違います。彼らは中絶が生み出す商売を守っているのです。アルゼンチンでは中絶は完全に医者の商売になっています。一部の医者が非合法の商売にしていて、教会はそれを隠しているのです。それが教会です。私の知り合いの「祖母」のひとりは、バレンシアにある教会の聖具保管室で生まれました。このように私は昔から、いろんな家族のルーツを通じて教会のことを知っています。だからいつも言っています。言うべきことは言うべきです。教会の一部は国家テロリズムに関与していたのです。残念ながら。

被害者の罪の意識からの解放

質問　日本は平和な国とされていますが、性暴力があとを絶ちません。性暴力根絶に向けて、メッセージをお願いします。

グラシエラ　私の話で意図したのは、事実に基づいてきちんと伝えることです。被害者についてはさておき、良心（意識）について、丁寧に話そうと思いました。「強かん」という的確な言葉を使うこともそうです。そうして、何が起こったのか、一人の女性にとって強かんされるということが、そしてその状況から脱するということがいったいどういうことなのか、第三者が自分で考えられるような余地を残そうとしました。被害者の話をメインにしなかったのは、アルゼンチンの場合、それからさっき触れたノーベル賞受賞者［訳注：二〇一八年受賞者のナディア・ムラド氏のこと］の場合にも、男性が女性に対して特別に性暴力をもちいた戦略を実行したということが明らかになっているからです。そしておそらく日本の女性たちのケースでも［訳注：日本軍「慰安婦」のことを指している］そうだと思います。

アルゼンチンのケースは、まったく、偶然の要素は微塵もなく、社会学的研究が示しているように、特定の女性が魅力的だったからだとか、男性がある女性に興味を抱いたとか、政治的憎悪の問題ですらありませんでした。女性を破壊するという戦略なのです。身体を辱められるということ、それが身体的・心理的に確実に与える影響を克服することは、被害者には難しいからです。それは親密な状況における強制的な形での他者の干渉ということですが、同時にそれは、その人を心理的に破壊することであり、政治的に破壊することでもあります。そして男性にとってはあるメッセージにもなる。というのも、男性のあいだでは常に力・権力をめぐって争いがあり、それはしばしば、女性の身体を介して示されるのです。男性に向けたメッセージです。施設の外の政治活動家たちは、仲間の女性がどんな目に遭っているかを知っていました。問題は、そのような状況から何ができるかということです。

強かんされることで女性が持つとされる恥という感情を、私たちも経験しましたが、恥なんていうものは存在しないという自覚を得ていきます。恥は強かんする者のほうにある。罪悪、恥、被害者といったその状況を克服していくのです。私たちが話せるようになるために、尊敬を込めて言いますが、このことは、多くの女性に対する体系的強かんについてのあなた方の経験にも拡大できることだと思います。サポートが必要です。協力者によるサポートが、このプロセスに寄り添っていくということが必要です。そしてもちろん、家族やパートナーからの私的なサポートも。まだ裁判においてさえ、強かんされたということを発信できない仲間がいます。かなり進んでいるといえるアルゼンチンにおいてさえ、それは何年もかかるプロセスなのです。アルゼンチンが進んでいるというのは、作業をすばやく始めることができたからです。スペインのように、未解決のことを耐え忍ぶ人々は、化膿が止まらない傷であり続けます。アルゼンチンではその意味で、素早い反応がありました。さっき必要だと言った協力者、家族の側のサポートがあったのです。

でも根本的なのは、罪悪感を、罪を自分から取り去ることに気づくことです。あなたがたにとっても時間のかかることかもしれませんが、それぞれの文化の独自のやり方で、正義を実現する方法が見つかると思います。私たちの側からこのようにするべきだなどと言うのは知ったかぶりに過ぎないでしょう？　でも間違いなく、ｗａｍが寄り添っていること、そしてここにいるみなさんの参加こそ、被害者の女性たちが話すことができるために必要なのです。私たちはみんな、ある「転換」を経験しました。（秘密拘禁施設を）出たときには悪いのは自分だと感じていましたが、ある時から突然、「違う、私がやったことじゃない。あいつらが私にやったことだ」と言えるようになりました。それは私たちにとって決定的で、まるで航路図のようにその後の道を示すものでした。

ノラ　私なりに振り返って考えてみたいと思います。私たちの経験をみなさんに伝えるために心から望んで日本に来て、そして今日ここに来てくださったみなさん、きっと私たちの話を聞くために来てくださった人たち、メディアが来ているかどうかわかりませんが、いたらぜひ日本政府に、自分の国の人々の尊厳のため、民主主義の命を守るために、強かんされた女性たちや彼女らに連帯している人たちがこうして訴えていることに耳を貸すよう伝えてください。そして同じように、アルゼンチンの日系失踪者たちに敬意を表するべきです。政府が何かしらの応答をするように。それが私たちの望みです。これは「五月広場の母たち」の一人として申し上げています。私たちはアルゼンチンの日系の被害者家族たちに寄り添ってきました。でも私たちの気持ちはずっとここ日本にもありました。そして今日は実際にここにいます。今までに知ったことに加えて新たなこと、ここ日本で起こったことを知りました。そのできごとの痛みの汚名を抱えて生きていくことはできません。すみませんが、日本政府は、女性への性暴力というこの人道に対する犯罪を認めなければならないということを理解してください。政府はまず人々の話を聞くところから始めなければならないと思います。次に日本に来ることができたら、あるいはアルゼンチンにいてもいいですが、日本政府が正義の門を開いて、司法がすべての訴えを聞き入れ、アルゼンチンでも行なわれているように真実と正義を追究し始めたという知らせを聞きたいと思います。求め続けましょう。みなさんにこのメッセージを残します。ここを出たあと、私たちの話を聞いたことを忘れる人が一人もいませんように。

訳注

（1）当日、講演会場のホワイトボード正面に、二人の女性日系失踪者の写真を掲示していた。これは実際には石田の発案ではなく、「日系社会失踪者家族会」からの提案だった。

（2）もし孤児院が軍とつながっていて情報が伝われば、連れ去られたその子の親と仲間であることが知られれば自分も拉致される恐れがあった。自分の身を危険に晒す行為だったということ。

（3）ここ数年インフレが続いていることを指していると思われる。

（4）警察組織をまとめ、国内の治安維持を担当する。

（5）チリ・アルゼンチン・ブラジル・パラグアイ・ウルグアイ・ボリビアの軍事政権が参加した反共国際軍事作戦。米国の軍事・経済的援助を受け、相互の協力のもと、各国軍・特殊部隊による諜報活動、拉致・拷問・拘禁・殺害、強制失踪などが行なわれた。

（6）indulto。一般にこれはメネム政権が下した政令による「恩赦（特赦）」を指す語だが、この文脈ではおそらくアルフォンシン政権下での免責法のことを指している。二〇〇五年に違憲判決が出されたのは免責法だが、メネムの恩赦も地裁で違憲判決が出ている。

（7）二〇一四年九月二六日、メキシコ・ゲレーロ州のイグアラ市で発生した集団強制失踪事件のこと。アヨツィナパ師範学校の学生などが乗っていた三台のバスをイグアラ市警察が銃撃し、死者数名を出したほか、同校の四三人の学生が行方不明となった。殺害して遺体を焼却したという加害者の証言が報道されたこともある。

（8）これはおそらくノラさんが「移行期正義」を「和解」や「真実委員会」などの、訴訟以外の手段からなるものと理解していることによると思われる。このあと述べているように、彼女らは特別な代替手段での解決ではなく、訴訟と法的処罰という一般の正義・司法を求めている。

（9）悲しみや怒りをもちつつ、それに支配されないよう、笑顔や冗談、温かさを持って行動できる強さを指していると思われる。

（10）この頃すでにペレス・エスキベルは人権活動家として広くラテンアメリカで知られていた。一九八〇年のノーベル平和賞受賞者。

（11）都市部周辺にある貧困層の人々が暮らす地区。スラム。スペイン語の「ビジャ」villa は英語の village と同じ語源で「町」や「集落」といった意味があるが、ここでいうビジャは「ビジャ・ミセリア」villa miseria つまり「貧民街」を省略したラプラタ地方特有の表現で、個々のビジャ・ミセリアは本文にあるとおり番号で呼ばれている。

（12）タジャリンは細めの平たいパスタの種類。イタリア語ではタリエリーニ。イタリア移民が都市の民衆文化に与えた影響の大きいアルゼンチンでは、日曜日の午後に親族や親しい友人が集まってパスタを食べるのはごく一般的な習慣で、ラビオリとタジャリンはその中でもポピュラーなパスタ。

閉会のあいさつ

ホアン・カルロス・アイダル

（神父・上智大学カトリックセンター長）

最後に一言だけ挨拶します。ノラさんがおなかの大きな神父を批判しましたが、自分はおなかが大きくなくて良かったと思いました。話をするための準備も大変ですが、聞くのも大変です。みなさん最後までありがとうございました。このようなテーマにあまり耳を傾けたくない日本社会のなかで、こんなにたくさんの人たちが来たことは大変大きな喜びと希望です。

私はアルゼンチンに生まれました。運動が始まったとき、私はまだ高校生でしたが、始まるときはいつもものすごく小さい。聖書は「善は小さな種。もっとも小さな種」だと言っています。しかしその種は必ず大きな木になると言っています。私たちは時々、その善の小ささを見るだけで、怖くなります。この日本で何ができるか。アルゼンチンではできたけど日本では無理と、そう考えてはいけないと思います。

私は神父で神様を信じていますが、私は思います、神父は悪いかもしれませんが、神様はよいのです、そして神様は必ず、善のために闘う人たちの側に立っているのです。負けるわけにはいかないので、頑張りましょう。

●個人賛同・カンパ

赤塚 謙一
秋山 淳子
麻鳥 澄江
安達 洋子
安達 葉子
足立 龍枝
網崎 万喜男
新井 寿美
安藤 真起子
伊香 祝子
池田 恵理子
石川 治子
石田 智恵
石田 米子
出岡 学
伊藤 志郎
伊東 輝
岩村 義雄
岩本 乾治
大川 正彦
大倉 一美
大塩 大作
太田 博子
大野 京子
岡田 雅宏
岡原 美知子
岡本 重春
小川 満
小沼 紘美
垣渕 幸子
加藤 真
金子 美晴
兼杉 美枝子
金本 武光
加納 実紀代
川上 哲
川見 公子
姜 秀美
北風 貴紫
北川 久子
金 龍明
草場 純
久保 絹子
栗田 和美
黒田 恵
高齋 房子
小菅 あけみ
小林 将夫
斉藤 由美子
坂田 章子
坂和 優
佐々木 敦
佐藤 信利
柴 洋子
柴田 久美子
志水 紀代子
須田 妙子
須田 稔
関口 暁子
高岡 日出子
高田 紀子
竹内 悦子
竹内 治男
田中 栄子
谷 民子
谷森 櫻子
田場 祥子
田巻 恵子
旦保 立子
塚原 美恵子
寺尾 光身
新居 弥生
西 正
西冨 房江
西尾 康子
根本 照子
野本 美保
長谷川 ニナ
畑 三千代
浜田 桂子
春山 房子
方 清子
平田 弘子
平野 恵美子
福島 みどり
藤河 純子
古沢 希代子
堀江 節子
又木 まり
松浦 賢治
松野 明久
松原 秀臣
松村 徳子
松本 楚子
真鍋 裕子
皆川 珂奈江
源 淳子
身吉 三枝子
三輪 春江
三輪 幸雄
向井 拓治
武藤 一羊
村田 博
持田 季未子
森永 雅世
森本 孝子
森本 利根
保田 千世
山崎 真次
山田 久仁子
山田 恵子
山本 和美
山口 明子
柚木 康子
吉野 恵子
ほか非公開含め合計１３４名

●団体賛同

日本ラテンアメリカ協力ネットワーク
日本カトリック正義と平和協議会
台湾の元「慰安婦」裁判を支援する会
中国人「慰安婦」裁判を支援する会
山西省・明らかにする会
聖マリアの汚れなき御心のフランシスコ姉妹会
戦時性暴力問題連絡協議会
「戦争と女性への暴力」リサーチ・アクション・センター
日本軍「慰安婦」問題解決オール連帯ネットワーク
日本軍「慰安婦」問題解決・関西ネットワーク
日本軍「慰安婦」問題解決全国行動
日本軍「慰安婦」問題解決ひろしまネットワーク
フィリピン元「慰安婦」支援ネット・三多摩
婦人国際平和自由連盟(WILPF)京都

●来日日程

10月11日　来日
10月12日　上智大学で打合せ、文部科学省前で朝鮮学校無償化排除反対デモ参加、ｗａｍ訪問
10月13日　国際シンポジウム
10月14日　フリー
10月15日　沖縄へ
平和の礎、ひめゆり記念館訪問、講演会
10月16日　山城博治さん裁判応援挨拶、東京へ
10月17日　新宿駅前での日本軍「慰安婦」水曜行動参加、帰国

●ｗａｍでの関連イベント

9月26日　特別セミナー
「ラテンアメリカ　正義への取り組みのいま」
講師：大串和雄（東京大学法学部教授）
11月15日　wam de video
「アルゼンチン・日系人の強制失踪を知る」
映像上映：『沈黙は破られた――16人のニッケイ』
（パブロ・モジャーノ監督／カリーナ・グラシアーノ原案／70分／２０１５年／アルゼンチン）
お話：石田智恵（早稲田大学法学学術院専任講師）

■掲載メディア■

【新聞】
朝日新聞　2018年10月7日　＊告知
沖縄タイムス　2018年10月16日
しんぶん赤旗　2018年11月13日
ふぇみん　2018年11月15日
新婦人しんぶん　2018年11月15日
朝日新聞　2018年11月30日　＊ひと欄

【雑誌】
『週刊金曜日』　2018年11月2日号
『世界』　2019年4月号
「記憶を正義のためにーアルゼンチン国家性暴力サバイバーの告発」
証言　グラシエラ・ガルシア・ロメロ
対談　渡辺美奈×石田智恵

写真で見る沖縄訪問

写真：源啓美、wam

ラテンのノリで誰とでも集合写真を撮る３人。那覇に到着、客室乗務員さんとも大きな笑顔で。

沖縄南部・摩文仁の「平和記念公園」と「平和の礎」を駆け足で訪問。

那覇「Book cafe & hall ゆかるひ」での講演会。沖縄系アルゼンチン人で、現在は沖縄に住む、佐久田アンドレスさんも通訳に協力してくれた。

「人権侵害と闘っている現場に行きたい」というアルゼンチンからのゲストの希望を受けて、二〇一八年一〇月一五〜一六日、一行は沖縄へ向かいました。受け入れは「基地・軍隊を許さない行動する女たちの会」です。

　一日目は、沖縄戦とその被害を学ぶために沖縄南部へ。摩文仁の「平和の礎」や「ひめゆり平和祈念資料館」を訪問しました。夕方には那覇の「ゆかるひホール」に移動し、アルゼンチンでの正義を求める闘いについて講演会が開かれました。来日前に沖縄系アルゼンチン人の「失踪者」家族と交流したノラさんは、「沖縄にもつらい経験があったと知って思いを聞きたかった」と挨拶し、グラシエラさんは「生き残って、多くの仲間が

裁判所に向かう山城博治さんを激励、ノラさんは「米軍基地はどこにもいらない」と力強くアピール。

「ひめゆりの塔」で献花。「ひめゆり平和祈念資料館」では、沖縄戦と女子学生たちの被害について学芸員・古賀徳子さんがガイドしてくれた。通訳は徳森りまさん。

25 社　会　1版　2018年（平成30年）10月16日 火曜日　沖縄タイ

人権抑圧の実態報告

アルゼンチン「五月広場の母たち」

沖縄の現状に共感 激励

アルゼンチン軍事政権下（1976〜83年）の左派弾圧で子を連れ去られた母親でつくる「五月広場の母たち」のメンバーらが15日来県し、人権抑圧の実態と抵抗運動について報告した。息子が連れ去られたノラ・コルティーニャスさんは沖縄の歴史と現状に触れ、「沈黙の壁を越えないといけない。あなたたちならできます」と語った。

左派弾圧で行方不明になった人は3万人ともいわれ、40年たった今も多くが見つかっていない。注射を打たれ飛行機から海に投げられるといった拷問・殺害や性的暴行が組織的に行われたという。

77年に息子のカルロス・グスタボさん（当時24歳）が失踪し、今も大統領官邸前の「五月広場」で抗議行動を続けているノラさんは「若くて夢があったから政府と闘うことを決めた人たちが連れ去られた」と説明。「沖縄にもつらい経験があったと知って思いを聞きたかった」と語り、「政府に立ち向かうこと。そこから答えを見つけることができる」と激励した。

76年に秘密拘禁施設に連行され、性的暴行や拷問に耐え生き残ったグラシエラ・ガルシア・ロメロさんは「多くの仲間が殺されたことを知っていたのでそれを伝えるために生き残らないといけないと思った」と振り返った。

人権団体の連合体「メモリア・アビエルタ」代表で人権侵害の記録に取り組むベロニカ・トラスさんは来県しての印象として「日米両政府からの被害、特に女性への被害が隠されている」と指摘。「過去に例があった

アルゼンチン軍事政権下の人権抑圧と抵抗運動について語る（右から）ノラさん、グラシエラさん、ベロニカさん＝15日、那覇市・ゆかるひ

那覇で開かれた講演会のようすを写真付きで大きく報じた沖縄タイムス。（2018年10月16日）

殺された事実を伝えなければと思った」と自身の体験を語りました。様々な世代から約三〇名が参加、活発な質疑応答があり、日米両政府から被害事実が隠ぺいされている沖縄の現状に対して、ベロニカさんは「社会の力で記録を残すことはできる」と応答しました。

二日目は新米軍基地建設反対の座り込みが続く辺野古へ行く予定でしたが、その日はちょうど、高江や辺野古での抗議活動で公務執行妨害等の罪に問われている山城博治さんの控訴審が開始される日。そこで那覇地裁前での集会に参加し、沖縄での闘いに連帯のエールを送りました。

多忙にもかかわらず、温かく迎えてくださった、高里鈴代さんと源啓美さんに感謝申し上げます。

■キーワード■
アルゼンチンにおける記憶・真実・正義の取り組み

五月広場の母たち（Madres de Plaza de Mayo）

一九七六年、クーデターによって成立した軍事政権下で行方不明となった息子や娘を探して警察、内務省、裁判所、教会などを訪れるなかで、同じように子どもを探す母親たちどうしが出会い、一九七七年四月三〇日に一四名が五月広場に集まって沈黙のデモ行進をしたのが始まり。一〇月五日には、国内有力二紙に行方不明者のリストを掲載して注目を集め、参加者の数は増えていった。

一九七七年一二月には、三人の母親（Azucena Villaflor、María Eugenia Ponce de Bianco、Esther Ballestrino de Careaga）と、二名のフランス人のシスター（Léonie Duquet、Alice Domon）ほか支援者が失踪、殺害されたが、子どもを探す「五月広場の母たち」の活動がやむことはなかった。社会のほとんどが恐怖から沈黙を守るなかで、公的な場で軍事政権に家族の返還を訴えた数少ない行動で国際世論も動かし、その後のアルゼンチンの人権問題に大きな影響を与えた。

失踪した娘・義理の娘が妊娠中だった母親たちが孫を探す活動は「五月広場の祖母たち」を組織、また「五月広場の母」も活動方針などから一九八六年以降は「五月広場の母の会」と代表を持たないゆるやかな「創設者路線」とに分かれている。現在も木曜日に五月広場でデモを実施する。民主化後に少しずつアルゼンチン社会に拡大していく「記憶・真実・正義」の運動の先駆者的存在であり、ラテンアメリカの人権運動を牽引した女性たちによる市民活動として、国際的にも広く知られている。

エスマ（海軍工科学校、la Escuela Superior de Mecánica de la Armada, ESMA）

ブエノスアイレス市内にある海軍工科学校は、アルゼンチン軍事政権下の秘密拘禁施設のなかでも最大規模のもので、五〇〇〇人が連行され、生還者は二五〇人だったと言われている。グラシエラさんもこの拘禁施設からの生還者のお一人。キルチネル政権下の二〇〇四年に記憶の場所となり、拘禁・拷問が行われた場所は人権侵害を伝える施設になった。敷地内には親族関係の市民団体のほか、アルゼンチン司法人類学チーム（EAAF）、国の記憶アーカイブズなどもある記憶の拠点となっている。

被害者の数

政府（人権局）が公開する資料によると、一九六六年から一九八三年までの国家テロリズムの被害者として一三一一七名が登録されており、うち七〇一八名が強制失踪、一六一三名が殺害（死亡確定）。拘禁されて後に解放された生還者は三四三二名。しかしこれらはすべて、被害者届が出ている数にすぎず、一般的に被害者は三万人と言われている。参考：「アルゼンチン国家による非合法弾圧行動の被害者名簿：一九六六年から八三年までに行なわれた強制失踪及び殺害の被害者」（二〇一五年一一月、法人権省）。最新の被害者数は法人権省のウェブサイトで確認できる。http://datos.jus.gob.ar/dataset/registro-unificado-de-victimas-del-terrorismo-de-estado-ruvte

真実裁判

一九九八年から二〇〇八年にかけて、ラプラタ、バイーア・ブランカ、マル・デル・プラタ等で実施された一連の裁判。刑事訴追力はないが、強制失踪の被害者のその後について「知る権利」、「真実への権利」に基づき、被害の実態解明や責任者の特定のため、定期的に各地の連邦裁判所で公判が開かれ、証拠文書や関係者の証言が集められた。ここで解明された事実や証拠資料が後の「人道に対する犯罪」の裁判にも用いられるなど、免責法の有効期間に行なわれた真実を明らかにする活動として大きな意義があった。

裁判の現状

免責法が二〇〇三年に無効となり、二〇〇五年に連邦最高裁で違憲判決が下されると、訴追できなかった事件に対する裁判が再開した。二〇一七年現在、二〇一件の判決が出され、八六四名に有罪、一〇九人に無罪判決が出されている。これまで訴追されている二一二三人の職業・属性は、軍人または治安部隊所属：八五%、文民：一一%、情報なし：二%。文民には、司法関連公務員（七七人）、弁護士・行政書士（五人）、諜報関係（八一人）、医療福祉専門職（四〇人）、聖職者（九人）、子の略取者（apropiador）四七人などが含まれる。有罪判決を受けた者のうち刑務所での禁固服役者三三一人、自宅禁固二七六人。一五九人が刑期終了または未決のため釈放、または仮釈放中。

出典：CELSウェブサイト、「人道に対する罪・裁判統計」
https://www.cels.org.ar/web/estadisticas-delitos-de-lesa-humanidad/

メモリア・アビエルタ（Memoria Abierta）

スペイン語で「開かれた記憶」の意。九つの人権団体によって一九九九年に設立された市民アーカイブズで、エスマ内にある。構成団体は人権常設議会（APDH）や法・社会研究センター（CELS）など、いずれもよく知られたアルゼンチンを代表する人権団体で、人権侵害の調査、聞き取りや裁判支援で大きな役割を果たしてきた。「メモリア・アビエルタ」はこれらの人権侵害の記録の保管、管理、公開を担っている。二〇〇七年に人権侵害の記録をユネスコ記憶遺産に登録申請した市民団体のひとつでもある。

※キーワード執筆にあたっては石田智恵さんにご協力いただきました。

【年表】アルゼンチン　人権侵害との闘い簡略史

1946年　ホアン・ドミンゴ・ペロン政権発足。

1955年　クーデターにより軍事政権発足、ペロン亡命。

1958～1966年　ペロン派を排除した選挙政治（1962～1963年は独裁による中断）。

1966～1973年　軍事政権。

1973年5月　ペロン派のエクトル・カンポラ大統領就任。

1973年9月　カンポラ辞任による大統領選挙でペロン当選、翌月ペロンが大統領に復帰。

1974年7月　ペロン死去。妻のマリア・エステラ・マルティネス（通称イサベル）副大統領が大統領に昇格。

1975年2月　大統領令によりトゥクマン州の国家転覆活動を殲滅を目的とした陸軍の「独立作戦」開始。反政府ゲリラ組織を弱体化させた。ゲリラ兵以外の市民活動家も対象とした拉致・拷問・強制失踪、秘密拘禁施設の使用などが始まる。

1976年3月24日　クーデターによって軍事政権成立。

1977年　五月広場の母たち、五月広場の祖母たち、活動開始。

1977年12月　「五月広場の母」三人とフランス人のシスター2名ほか強制失踪。

1982年6月　マルビーナス戦争（フォークランド戦争）でアルゼンチン敗北。

アルフォンシン政権時代

1983年12月　民政移管。ラウル・アルフォンシン大統領就任。全国失踪者調査委員会（CONADEP：Comisión Nacional sobre la Desaparición de Personas）設置。軍事政権の元トップに対する訴追開始。

1984年9月　CONADEPの最終報告書〝Nunca más〟（『二度と再び』提出）。

1985年12月　訴追された軍事政権の元トップ九人のうち、五人が一審で有罪判決。

1986年10月　強制失踪の犠牲者の配偶者と子に年金を付与する法律制定。

1986年12月　一つめの免責法「終止符法（Ley de Punto Final）」制定、法案成立後六〇日以内に起訴されなかった軍人を裁くことを禁止。軍事政権の元トップ五人に対する有罪判決が最高裁で確定。終止符法の期限に間に合わせるためにかけこみで四五〇人の将校が

全国失踪者調査委員会最終報告書、『二度と再び』

起訴される。

1987年4月 陸軍の中堅将校と下士官が反乱。

1987年6月 二つめの免責法「正当な服従法（Ley de Obediencia Debida）」制定、大佐以下の階級の軍人については、上官の命令に従うのが義務だったとして免責。

メネム政権時代

1989年7月 カルロス・メネム大統領就任。

1989年10月 メネム大統領による最初の特赦（政令）。

1990年12月 メネム大統領が軍事政権の元トップ五人を特赦（政令）。

1994年 憲法第七五条第二二項によって人権条約が憲法と同等の地位に。

1994年12月 強制失踪の被害者に対する金銭的賠償をその法定相続人に支払う法律制定。賛否両論を呼び、賠償金の受け取りをめぐって家族組織にも緊張が生じる。

1998年6月 ビデラ将軍（1976～81年の大統領）が幼児隠匿の容疑により逮捕。

1998～2008年 「真実裁判」（刑事訴追と切り離された司法プロセス）実施。

1999年 NGOの連合体として市民アーカイブズ、「メモリア・アビエルタ」（「開かれた記憶」）設立。

2001年3月 連邦地裁、「終止符法」と「正当な服従法」が米州人権条約、拷問等禁止条約等に違反し、違憲かつ無効であると判決。

キルチネル政権時代

2003年5月 ネストル・キルチネル大統領就任。

2003年8月 国会が「終止符法」と「正当な服従法」を無効とする法律を可決。

2004年3月 連邦地裁がメネムの特赦に対する最初の違憲判決。

2005年6月 連邦最高裁が、「終止符法」と「正当な服従法」が米州人権条約等の国際人権条約に違反し、違憲かつ無効であると判決。

2006年 免責法で訴追できなかった事件に対する裁判が再開される。

2006年9月 裁判で証言をする予定だった元失踪者のホルへ・フリオ・ロペス、再び強制失踪。

2007年7月 最高裁がメネムの特赦に最初の違憲判決。

2007年12月 クリスティーナ・フェルナンデス・デ・キルチネル大統領就任

2010年 最高裁、軍事政権の元トップ五人に対するメネムの特赦を無効と判決。

※この年表は二〇一八年九月二六日にwamで開催したセミナー「ラテンアメリカ　正義への取り組み」における大串和雄さん（東京大学法学部教授）の配布資料を参考にして作成しました。

おわりに

地球の裏側、時差がちょうど一二時間のアルゼンチンに初めて連絡をとったのは、二〇一八年五月でした。当初は、ユネスコ「世界の記憶」に人権侵害の記録を登録したアルゼンチン市民の経験を共有してほしいとの相談でしたが、知れば知るほど、アルゼンチンで展開されている「記憶・真実・正義」の闘いそのものの質量に圧倒されるようになりました。

一九八三年に軍事独裁政権から民政移管した後、政府による包括的な調査報告書『二度とふたたび』が出されて軍高官も裁かれました。その一方でさらなる訴追ができないよう免責法が制定され、有罪判決を受けた者たちも後に恩赦で釈放されてしまう――。ここまでは、他国でも聞いたような展開ですが、アルゼンチンはその後がすごい。来日したノラ・コルティーニャスさんをはじめとした「五月広場の母たち」や市民の粘り強い闘いは、二〇〇三年に新政権発足、免責法を無効とする法律制定をもたらし、免責法だけでなく恩赦も違憲とする最高裁判決を勝ち取っていきます。訴追再開の道が開かれると、旧ユーゴ国際刑事裁判所等のジェンダー正義の実践を参考にして、「拷問の手段」としてではなく、「性暴力」そのものを「人道に対する犯罪」として国内の裁判所で訴追する闘いが始まりました。裁判で被告は加害事実を否定するといいますが、被害を受けた女性が証言し、「加害者こそが侮辱に値する」ことを公的に証明することは、回復のための重要なプロセスでもあると、グラシエラさんは語りました。

「地球の裏側まで行って話をしたんだから、(自分が監禁されていた拘禁施設)エスマに入れないわけがない」。グラシエラさんは帰国後、自宅からほど近いエスマに解放後はじめて足を踏み入れたといいます。エスマでは二〇一九年三月から女性の被害に焦点をあてた「エスマにおいて女性であること」という展示がスタートし、グラシエラさんを含む女性二八人の証言が紹介され、メディアでも大きく取り上げられていました。日本とアルゼンチンで、それぞれの取り組みが少しでも影響しあっているとしたら、これほど嬉しいことはありません。その後も、普遍的管轄権を使ってアルゼンチンで日本軍性奴隷制の加害者を訴追できないかと弁護士に相談してくれたり、女性の性被害に関する展示巡回の企画を提案してくれるなど、実現は簡単ではありませんが、アルゼンチンの友人たちとの交流は続いています。

日本軍「慰安婦」問題の運動では「記憶」は「記憶する」という動詞で使われることが多いですが、アルゼンチンのスローガンは「記憶・真実・正義」と名詞の「記憶」からはじまります。「記憶」の使われ方をみると、人権侵害が起きた場所や記録、証言を含む人々の集合的な「記憶のプール」があって、「記憶」があるからこそ真実が明らかにされ、正義も実現できる、そんなイメージではないかと思います。アーカイブズを運営する団体の名称、「開かれた記憶」にも、沈黙や忘却の圧力を乗り越えて記憶を開き、またその記憶を社会に開いていくような多義的な意思を感じます。日本で「記憶」は個人的なものとして捉えられ、「真実」や「正義」とともに相対化される状況がありますが、「本当のこと」は誰もが知りたいし、「不正義」は正したい。ｗａｍは、日本軍性奴隷制の「記憶のプール」ともいえる「日本軍『慰安婦』アーカイブズ」を整える役割を担いながら、「記憶・真実・正義」を大事にする人々の輪を広げていきたいと思います。

アルゼンチンから三名のゲストをお迎えしてシンポジウムを実施することも、またこのブックレットを出版することも、たくさんの方々の支援によって可能となりました。

まず、この企画に賛同して共催を提案してくださった上智大学グローバル・コンサーン研究所の田中雅子さんにお礼を申し上げます。一九九五年に故松井やよりさんが設立した「アジア女性資料センター」でお会いしてから、四半世紀にわたって活動をともにし、大学教員になってからも日本軍性奴隷制に関する企画に協力してくれました。司会・進行を担ってくださった幡谷則子さんは、体調を崩したグラシエラさんの病院への付き添いなど、きめ細かいサポートまでしてくれました。ホアン・アイダル神父、長谷川ニナさんは最初の段階から企画を支持してくれ、またイベロ・アメリカ研究所からは横田佐知子さん、阿由葉恵利子さんという素晴らしい同時通訳をご紹介いただきました。スペイン語資料の翻訳ではグアテマラの女性たちの支援を続ける新川志保子さんに、アテンドではシスター石川治子さんにご協力をいただきました。

石田智恵さんは、準備段階からゲストの滞在中まで、様々な場面で的確にアドバイスや支援をしてくれ、さらにこのブックレットの翻訳も一手に引き受けてくださいました。アテンドやスペイン語からの音声起こしを引き受けてくれたサマンタ・セラフィーニさんもご紹介いただき、石田さんの協力なしにこのブックレットの制作は不可能でした。どんな言葉をもってしても十分にお礼を申し上げることはできません、本当にありがとうございました。

編集・出版は、男性と性の課題を真摯に考える雑誌を世に送り出してきた谷口和憲さんがお引き受けくださいました。この〈ｗａｍ ｂｏｏｋ—２〉が「『戦争と性』編集室」のラインナップに加わることをうれしく思います。

ラテンアメリカにおける「記憶・真実・正義」を求める闘いは、アジアに生きる私たちに気づきと大きな励ましを与えてくれました。このブックレットが、人権と女性に対する暴力に関心を持つ多くの人の手に届き、重大な人権侵害を二度と繰り返さないためにすべきことは何かを考えるきっかけになれば幸いです。

二〇二〇年七月

アクティブ・ミュージアム「女たちの戦争と平和資料館」（ｗａｍ）の仲間を代表して

館長　渡辺美奈

[編者]

アクティブ・ミュージアム「女たちの戦争と平和資料館」(wam)

戦時性暴力、とりわけ日本軍性奴隷制（日本軍「慰安婦」制度）に焦点をあてる日本で唯一のミュージアム。日本軍性奴隷制の責任者を裁いた「女性国際戦犯法廷」（2000年、東京）を発案し、実現に奔走した故松井やよりさんの遺志を受け継ぎ、2005年8月にオープンした。「アクティブ・ミュージアム」という言葉には、性暴力被害に苦しみながらも生き抜いてきた女性たち一人ひとりの存在と出会い、学び、考え、語り合い、行動する拠点にしたいという思いが込められている。年1回のペースでの特別展の企画・開催、セミナーやカタログ出版などの教育活動、調査、国連人権機関等へのアドボカシー活動のほか、2015年からは「日本軍『慰安婦』アーカイブズ」に取り組んでいる。
日本軍性奴隷制の加害責任に向き合い、暴力と差別のない平和な未来をつくるためのwamの活動に対して、2007年にはパックス・クリスティ平和賞、2013年には日本平和学会・平和賞が授与された。

住所：〒169-0051　東京都新宿区西早稲田2-3-18　AVACOビル2F
電話：03-3202-4633　Email：wam@wam-peace.org
URL:https://wam-peace.org/

〈wam book-2〉

アルゼンチン 正義を求める闘いとその記録
性暴力を人道に対する犯罪として裁く！
2018年10月　国際シンポジウムの記録

2020年7月30日　初版第1刷発行

アクティブ・ミュージアム「女たちの戦争と平和資料館」（wam）編

発行所　「戦争と性」編集室
発行者　谷口和憲
〒197-0802　東京都あきる野市草花3012-20
TEL・FAX 042-559-6941

印刷・製本　モリモト印刷

表紙写真：石田智恵　裏表紙写真：島崎ろでぃ

ⓒ 2020 アクティブ・ミュージアム「女たちの戦争と平和資料館」（wam）
ISBN 978-4-902432-25-1　Printed in Japan

石田智恵 著

同定の政治、転覆する声

アルゼンチンの「失踪者」と日系人

一九七〇年代、アルゼンチン軍事政権による
弾圧が生み出した大量の「失踪者」
その中には日本人移民の子どもたちがいた――

死体なき「強制失踪」という国家テロリズムと、
日常的な人種主義。
両者を転覆しようとする
日系失踪者とその親族たちの闘いを
文化人類学的視点から描く。

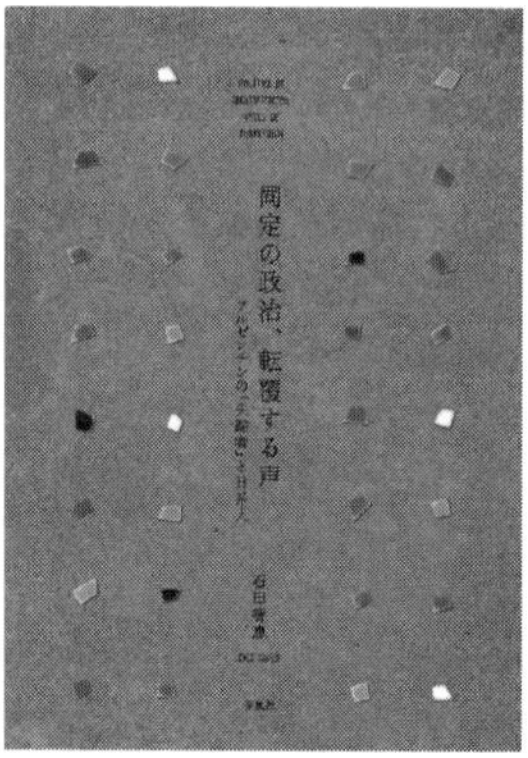

A5判上製・336頁
本体価格3600円

春風社　〒220-0044 横浜市西区紅葉ヶ丘53 横浜市教育会館3階
電話：045-261-3168／FAX：045-261-3169　info@shumpu.com　www.shumpu.com

戦争と性

不定期発行・A5判・本体1200～1500円。
各号詳細はHPで。「戦争と性編集室」で検索。

『戦争と性』は、戦争のない世界、性暴力のない社会を目指して、一人一人が自分自身に引き付けて考えてゆく、読者参加型のミニコミ誌です。

33号 象徴天皇制について考える――タブーなき議論に向けて
32号 安倍政治を許さない！――歴史に責任をもち、一人一人が考え行動するために
31号 「個」を生きる――反戦・反差別・反原発という「希望」
30号 いのちへの想像力――震災、原発、そして戦争を考える
29号 「満州」を知る――引き揚げ体験から見る日本の戦争
28号 「在日」女性の視点――「個」の解放と新たな連帯を求めて
27号 ヒロシマ・ナガサキが問いかけるもの
26号 性暴力――何が問われているのか
25号 「慰安婦」問題の現在――被害女性が亡くなりつつある今、わたしたちに何ができるのか

※25・29号品切れ

亜人間を生きる――白井 愛 たたかいの軌跡　彦坂 諦
A5判 410頁 本体3000円

戦争と性をみつめる旅――「加害者」の視点から　谷口和憲
四六判 249頁 本体1800円

季節はめぐる――3・11後を生きる里山の〈いのち〉たちへ
辻 淑子　B5変形 40頁 本体600円

「戦争と性」編集室　TEL&FAX：042-559-6941　http://sensotosei.world.coocan.jp/
E-Mail：sensotosei@nifty.com　※地方小出版流通センター扱い